어른 세계에서
살아남기 위한
50가지
비밀미션

Original title: Il Manuale delle 50 missioni segrete per sopravvivere nel mondo dei grandi
by Pierdomenico Baccalario and Eduardo Jáuregui,
Illustrations by AntonGionata Ferrari.
First published in 2017 by Editrice Il Castoro, viale Andrea Doria 7,
20124 Milano(Italia) www.castoro-on-line.it
Graphic layout: Dario Migneco/PEPE nymi Art director: Stefano Rossetti
All rights reserved
No part of this book may be used or reproduced in any manner whatever without
written permission, except in the case of brief quotations embodied in critical articles or reviews.
Korean Translation Copyright © 2018 by Thunderbird Publishing House
Published by arrangement with Editrice Il Castoro
through BC Agency, Seoul.

이 책의 한국어판 저작권은 BC 에이전시를 통한 저작권자와의 독점 계약으로
썬더버드에 있습니다. 신 저작권법에 의해 한국 내에서 보호를 받는 저작물이므로
무단전재와 무단복제를 금합니다.

어른 세계에서 살아남기 위한 50가지 비밀미션

글쓴이 피에르도메니코 바칼라리오 · 에두아르도 하우레기
그린이 안톤지오나타 페라리
옮긴이 이기철

썬더키즈
thunder kids

나는
.... 년 .... 월 .... 일
비밀 요원이 되기 위한
훈련을 시작했습니다.

나는
.... 년 .... 월 .... 일
훈련을 모두 마쳤습니다.

이 책의 규칙

첫째, 읽지 말 것!

잘 했어! 이미 이 책을 어떻게 읽어야 하는지 이해했군. 아무것도 믿지 말라는 얘기지. 너는 지금 이 책을 읽고 있고, 그러니까 벌써 명령에 따르지 않은 거야. 이제 되돌릴 수 없어. 이미 훈련이 시작된 거라고!

이 책은 비밀 요원이 되기 위한 지침서야. 여기에는 네가 배워야 할 모든 것이 들어있지. 그러니까 잘 가지고 다녀야 해. 누구에게도 알리면 안 돼. 단, 너의 스파이와 친구 요원과는 공유해도 되겠지. 그들에 대한 설명은 나중에 할게.

이 책은 너에게 가장 소중한 파트너가 되어 줄 거야. 앞으로 하게 될 미션에 필요한 것들을 메모하고 성공과 실패의 경험을 기록하는 유일한 공간이 될 테니까. 명심해. 이 책은 누구의 손에도 들어가면 안 돼. 물론 너부터도 발각되면 안 되겠지. 자, 이 책을 숨길 수 있는 좋은 장소부터 찾자. 우리의 '소중한 파트너'를 끝까지 지켜 내자고!

숨기기 좋은 장소를 몇 군데 알려 줄게.

1) 마룻바닥의 판자 밑.

2) 서랍장의 제일 아래 칸 밑.

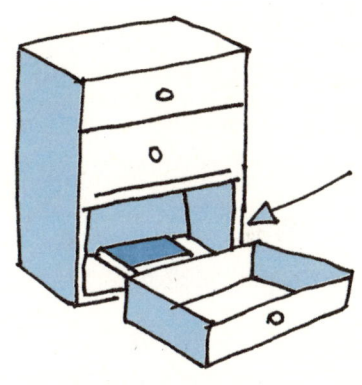

3) 의자 밑에 접착테이프로 붙여 놓기.

4) 봉제 인형 속을 비우고, 조심스럽게 다시 꿰매기.

숨기기에 별로 좋지 않은 장소도 있어.

1) 이불 사이(어른들은 침대 정리를 자주 해.)
2) 네 책꽂이에 있는 책 속 혹은 DVD 케이스 안(사람들이 이 지침서를 너무 쉽게 발견할 수 있어!)
3) 카펫 밑(걸려 넘어지겠지?)
4) 책가방 안(누가 손을 댔는지 너는 결코 알 수 없을 거야.)
5) 삼촌 자동차 안(삼촌이 세차하러 자동차를 가져갈 수 있거든. 그럼 이 책이 발견될 수도 있어.)
6) 고양이의 모래 화장실(고양이가 없을 땐 사람들이 바로 알아챌 거야. 고양이가 있을 땐 책을 돌려받기가 매우 힘들겠지.)
자, 책은 잘 숨겼겠지? 좋아.

준비는 언제부터 시작할까?
지금. 훌륭한 비밀 요원이 되려면 준비가 되어 있어야 하지. 이건 아주 중요해. '준비가 되어 있기' 위해서는 어른들이 하는 일들에 대해 최대한 많은 정보를 모아야 해. 하지만 조심해! 큰 소리로 어른들에 대해 말하면 안 돼. 어른들은 사방에 눈과 귀를 가지고 있거든!

어른들이란 도대체 누굴까?
어른들이 누구인지 그 누구도 정확히는 몰라. 하지만 확실한 건, 넌 이미 그들을 만난 적이 많다는 거야. 어른들은 네 주위 모든 곳에 있어. 너의 집에도. 그리고 너에게 무엇인가를 하라고 항상 말을 하지. 언제 해야 하고, 왜 해야 하는지도.

어른들이 반드시 나쁘지는 않아. 아니, 많은 어른이 친절하고 배려심 많고 도움을 주지. 하지만 그들은 한 가지 공통점을 갖고 있어. 그들의 말과 행동을 우리는 거의 이해할 수 없다는 거야! 어른들에게 설명을 부탁해도 명확하게 대답하지 않거나, 자신들의 비밀을 알려 주지 않으려고 이렇게 말할 거야. "이것은 안 돼! 만지지 마! 내가 할게!"

미션은 뭘까?

어른들이 하는 일을 전부 다 밝혀내기. 정말 모든 것을 말이야. 이 일은 위험으로 가득한 긴 모험이 되겠지. 운이 아주 좋다면 다치지 않을 거야. 그러니까 너는 용기와 인내심 그리고 고집스러움으로 무장을 해야 해. 모든 것이 위험할 거라 생각할 필요는 없어. 물론, 그럴 수도 있지. 하지만 너는 두려움을 이겨 내고 맞설 수 있어.

비밀 요원은 무엇을 위해 일할까?

너만의 독립 공간을 위해서. 너의 조그만 방에 그것을 만들어 놓을 수도 있고, 네가 좋아하는 곳(천장이나 나무 위 오두막?)에 만들 수도 있지. 하지만 한 가지 말해 줄 게 있어. 실제로 어른들에 맞서는 유일한 방법은 그들의 비밀을 소유하는 것 뿐이야. 네가 그들 사이로 들어가야 해. 그들을 따라 하고 가능한 모든 정보를 수집해야 해. 어른들 흉내를 내야 해. 의심받지 않게 그들처럼 보여야만 해.

들키면 어떻게 하지?

모든 것을 모른다고 해. 끝까지. 미소를 지으며 말이야. 이 책이 네 것이 아니고, '현우' 것이라고 말해. 네가 현우라는 아이를 전혀 모르면, 다른 이름을 말해도 좋아. 혹은 너의 정체를 알아챈 사람이 '현우가 누구더라?' 하고 자기가 까먹었다고 생각하게 해. 바로 그때 너는 숙제를 해야 한다고 말을 돌려. 그러면 대부분 함정에 빠져.

지루해지거나 임무를 해내지 못하면 어떻게 하지?

아무 일도 일어나지 않아. 주어진 모든 임무를 다 해내는 것이 의무는 아니니까. 지루함을 느끼는 것도 비밀 요원 삶의 일부야. 하지만 네가 하기 힘들다고 포기하려 한다면, 한 번 더 생각해 보고 딱 한 번 더 시도해 보라고 말하고 싶어. 어쨌든 네가 비밀 요원의 임무를 끝마쳤거나 그만 끝내기로 했을 때, 이 책의 맨 뒤 페이지로 달려가서 네가 어떤 타입의 비밀 요원이 되었는지 찾아보렴.

아직 알아야 할 게 더 남았을까?

없어. 네가 여기까지 도달했다면, 이제 정말로 시작할 준비가 된 거야. 어쨌든 시작해 봐. 우리는 네가 자랑스러워.

나에 대해 정확히 알기

제일 먼저 해야 할 일은 너에 대한 정보를 적는 거야. 네가 누구인지, 이름이 무엇인지, 어디 사는지 등. 할 수 있겠지? 모르는 게 있다고? 일단 아무렇지도 않은 척해. 그리고 집안 어른 중 한 분에게 가서 질문하기 딱 좋은 기회를 잡아 모르는 것을 물어보렴. 이때 너의 실제 정체를 절대로 드러내면 안 돼. 너에 대한 정보를 모두 입수했으면 아래에 적어 봐.

너의 중요한 정보들

너에 대해 정확히 알아야 해.
그렇지 않으면 비밀 요원으로서 실패할 거야.

내 이름 ....
내 이름의 뜻 ....
집 주소 ....

출생지 ....
생년월일 ....
출생 시간 ....

엄마 이름 ....
아빠 이름 ....
내 나라 ....

혈액형 ....
내가 좋아하는 것 ....

주로 이용하는 병원 이름 ....
병원 주소와 전화번호 ....
....
....

담당 의사 이름 ....

....
내 신분증 번호 ....
....
문제가 생기면 이 사람에게 전화하세요.
....

비밀 신분증 만들기

이제 비밀 요원 신분증을 만들 차례야. 하나를 가질 수도 있고 두 개, 세 개, 네 개 혹은 더 많은 신분증을 가질 수도 있어. 두꺼운 종이를 지갑에 들어갈 만한 카드 크기로 오리고 비밀 요원인 너의 정보를 적으면 돼. 무엇을 적어야 하는지 알려 줄게.

1) **암호명**: 암호화된 이름을 선택할 순간이야. 알파? 캥거루? 조로? 기억하기 쉽고 쓰기에도 쉬운 괜찮은 이름을 찾아보고, 공포를 느끼게 하는 이름도 찾아봐.

2) **비밀 장소**: 비밀 업무 장소는 어디지? 너의 작은 방? 나무 위의 오두막? 다락방? 아이스크림 가게?

3) **깃발**: 모든 중요한 장소에는 깃발이 있지. 너도 만들어 봐. 아이디어를 얻고 싶으면 세계의 국기들을 찾아서 그중 하나를 직접 그려 보렴.

4) **좌우명**: 너에게 영감을 주고 너를 정의하는 문장을 선택하거나 새로 만들어 봐. 예를 들면 "나는 절대로 굴복하지 않을 것이다?", "마르게리타 피자 만세?" "그곳에 가라?" 등. 힘들 때, 이러한 좌우명은 너의 전투력을 팍팍 올려 줄 거야.

5) **주제가**: 이것은 쉬워. 애국가나 교가처

럼 길 필요도 없어. 네가 좋아하는 어떤 음악이든지 한 부분이면 돼!

비밀 요원이 되려면 너는 새로운 능력을 키워야 해. 앞으로 한 가지 미션을 완수할 때마다 너에게 필요한 능력치가 올라갈 거야. 이 책을 덮을 때쯤 너는 비밀 요원 세계의 진정한 고수가 되어있을걸. 그리고 모든 임무를 완수한 뒤에는 네가 어떤 타입의 비밀 요원이 되었는지도 알 수 있어. 어떤 타입일 것 같아?
자, 여기 비밀 요원이 갖춰야 할 능력들이 있어.

기술 지식: 다양한 종류의 기술 도구로 어떤 것을 직접 사용하거나 만들거나 부수는 것을 배우게 되면 점수를 얻을 거야.

열악한 환경에서 살아남기: 미션을 수행하다 보면 열악한 환경(크리스마스에 숲속에서 가족과 함께 저녁 먹기)에서 살아남아야 하는 경우가 있을 거야. 그럴 때 너는 스스로 돌보는 방법을 배우게 될 테고 점수도 얻게 될 거야.

집에서 살아남기: 집과 집의 특징에 대해 배우고 요리하는 법과 가족 구성원들을 위해 일하는 법을 배우면서 점수도 얻을 거야.

 **참을성과 인내심, 절대로 포기하지 않기**: 이것은 훌륭한 비밀 요원에게 가장 필수적인 자질이야. 끈질기게 붙들고 늘어져야만 하는 미션을 통해 점수를 얻게 될 거야.

 **사람들 보살피기**: 너 혹은 다른 사람들에 대한 건강을 생각하고 챙기는 미션을 수행하게 될 때 점수를 얻을 거야.

 **사람들과 접촉하기**: 새로운 사람을 만나거나 타인에게 더 가까이 다가가야 하는 미션을 수행하면 점수를 얻게 될 거야.

 **새로운 것을 만들고 즐기기**: 예측할 수 없는 일을 하거나, 삶에 유용한 것을 적극적으로 발명하는 일을 즐기고 있다면 점수를 얻을 거야.

 **위험에 대처하는 능력**: 위험한 임무를 수행할 때 많이 다치지 않고 잘 대처하거나, 다쳤을 경우에는 제대로 치료하는 방법을 배우면서 점수를 얻게 될 거야.

협조자들 만들기

모든 것을 너 혼자 할 수는 없어. 임무를 완수하려면 도움이 필요하지. 네 주위를 살펴 봐. 주위 어른 중에 '이중 놀이'를 할 수 있는 사람, 혹은 어른 세계에 머무르면서 네 임무, 특히 스파이가 필요한 임무에서 너를 도울 수 있는 사람인지 구별해야 해.

훌륭한 스파이는 네가 모르는 것을 가르쳐 주고, 어른들의 비밀을 알려 주고, 너의 비밀 신분을 보호해 줄 수 있는 사람이야. 스파이는 필요할 때 너를 도울 줄 알고, 어떠한 경우에도 입을 다물 줄 아는 믿을 만한 사람이어야 해. 그런 사람이 누군지 잘 생각해 봐. 그리고 결정을 한 뒤에는 그에게 이 책과 너의 임무에 대해 말해 줘.

만일 그가 스파이가 되기 싫다고 하면 그동안 얘기한 것을 누구에게도 말하지 않겠다는 약속을 받아 내야 해. 그리고 다 농담이었다고 말해. 반대로, 그가 스파이가 되겠다고 하면 둘만 아는 비밀 신호를 만들어야 해. 네가 그 비밀 신호를 사용할 때마다 너의 스파이는 네가 미션을 수행하고 있다는 것을 알고 너를 도우려 할 거야. 비밀 신호는 이런 것들이 될 수 있어.

- 재채기 세 번하기.
- 영화 제목 말하기. 예를 들면, "벤자민 버튼의 시간은 거꾸로 간다."
- 이상한 문장 중얼거리기. 예를 들면, "보름달이 너무 새콤해서 운동장을 빌렸어."
- 무엇이든지 생각나는 것 아무거나.

비밀 신호는 잘 정했겠지? 궁금하지만 묻지는 않을게.

앞으로 펼쳐질 미션들을 수행하려면 너와 같은 비밀 요원, 즉, 여러 친구 요원들과 협력하는 것이 가장 좋을 거야. 협력에는 두 가지 방법이 있어.

1) **요원 발굴**: 너의 가장 친한 친구와 임무에 대해 이야기를 하고 이 책을 보여 줘. 친구도 비밀 요원이 되고 싶다고 하면, 임무 완수! 이 책 마지막 페이지에 비밀 요원용 특수 신분증이 준비되어 있어. 그중 한 장을 오려서 친구에게 주고 함께 암호명을 정해서 적어 봐.

2) **요원 접선**: 너의 특수한 신분증을 학교 책상 위에 조심스럽게 올려놔. 만약 교실에 또 다른 비밀 요원이 있다면 너와 접선을 할 거야. 어쩌면 너도 누군가의 책상 위에 놓인 특수한 신분증을 보게 될지도 몰라. 그게 어떤 신분증인지 너는 잘 알고 있잖아. 만약 그를 돕고 싶으면 그에게 너를 소개해.

필수 장비 준비하기

진정한 비밀 요원은 중요한 장비들을 지니고 있어. 바로 아래에 소개하는 것들이야.

시계: 규칙적으로 움직이는 어른을 관찰할 때, 집에 돌아올 시간을 정할 때, 한 장소에서 다른 장소로 이동해야 할 때, 서로 시간을 정해 놓고 만나는 데 필수적인 장비야. 몇 시에 돌아와야 하는지, 몇 시에 무엇을 하는지 잊지 않게 해 주는 스톱워치가 달려 있는게 유용하지.

녹음기: 관찰하는 일만 중요한 건 아니지. 네 주위를 둘러싼 세계의 다양한 소리를 녹음하고 싶을 때 필요한 것이 녹음기야. 사진기처럼 메모리 카드에 저장하는 매우 작은 녹음기도 있는데, 메모리 카드가 가득 찰 경우엔 녹음 자료를 컴퓨터로 옮겨 보관할 수 있어. 목소리, 다양한 소리들, 다른 사람의 생각을 녹음해 봐. 그리고 전부 다시 들어 봐. 놀라운 것을 발견하게 될 거야.

컴퓨터: 진정한 비밀 요원이 되려면 컴퓨터를 다루는 능력은 매우 필수적이야. 컴퓨터가 반드시 네 것일 필요는 없어. 가끔 한 번씩 사용할 수 있으면 돼. 하지만 네가 무슨 일을 하는지 아무도 봐서는 안 돼!(물론, 너의 스파이 빼고.)

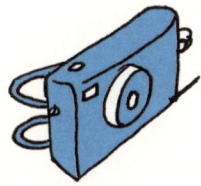

사진기: 가장 좋은 사진기는 호주머니에 쉽게 넣을 수 있고, 특히 네가 사진 찍을 때마다 커다랗게 '찰각' 하는 소리가 나지 않는 소형 사진기야.

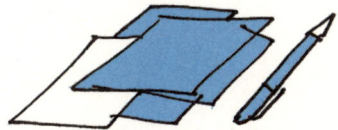

종이와 펜: 종이와 펜은 존경받는 모든 비밀 요원의 진정한 필수품이야. 호주머니에 들어가는 작고 튼튼한 노트를 찾아봐. 그리고 빗속에서도 잉크 번짐 없이 글씨를 쓸 수 있는 방수 수첩이 있다는 것을 기억해.

계산기: 미션을 수행하다 보면 숫자를 잘 알아야 할 때가 많아. 너는 처음이라 힘들 거야. 그럴 땐 계산기가 딱이지. 태양열로 충전되는 계산기를 구해 보렴. 그러면 건전지를 구입할 필요가 없을 거야.

돈: 물론 필요하지. 어른들 세계의 가장 큰 비밀 중 하나가 돈이니깐. 너를 위해서도 어느 정도의 돈을 모으려 노력해야 해. 수백만 원이 필요하지는 않아. 처음에는 동전 몇 개로 충분하거든. 그래도 스파이의 도움을 받아서 약간의 용돈을 구해 봐. 너에게 의미 있는 경험이 될 거야. 사소한 것을 구입하거나 필요한 티켓을 구입해야 할 때가 생기는데 그때 한번 도전해 봐.

만약 부유한 사촌이 있다면…
요원들 중에는 아주 가끔 부유한 사촌이 있어서 새로 나온 제품이나 가장 멋있는 장난감을 사는 경우가 있어. 너에게도 이런 행운이 있다면, 다음 장비들을 (미션에 활용하기 위해) 사달라고 요청해 보렴. 사실 흔치 않은 일이긴 해. 그러니 이런 사촌이 없다고 실망하지 마. 나도 없으니까.

드론: 드론은 소형 카메라가 달려 있고, 원격조정으로 날아다니는 장비인데 적들을 감시하는 데 가장 유용할 거야. 다양한 종류와 여러 가격대의 드론이 판매되고 있고 사용하기가 상당히 쉬워. 하지만 조심해야 해. 들키면(드론은 시끄러운 소음을 발생시켜.) 틀림없이 빼앗길 테니까. 그러고 나면 드론을 돌려받기가 너무 어려워질 거야!

휴대 전화: 진정한 비밀 요원은 휴대 전화를 매우 두려워해. 왜냐하면 자신을 드러나게 할 수 있는 너무나 위험한 장비이기 때문이지. 휴대 전화가 매우 유용하다는 것은 인정해. 하지만 이것은 어른들이 너를 감시하고, 네가 어디에 있고, 네가 무엇을 하는지 알 수 있는 아주 유용한 장비야. 혹시 휴대 전화 때문에 곤란한 상황에 처하면 이 이야기를 기억해. 이탈리아에 사는 '마르키노 요원'은 친구들과 숙제를 함께 하려고 오후마다 도서관에서 만났대. 그들은 교대로 도서관에 남아 있기로 하고 남아 있는 한 명에게 모든 휴대 전화를 맡긴 다음, 나머지 친구들은 임무를 수행하러 밖으로 나갔대. 꽤 훌륭한 아이디어지!

위험한 일들 예상하기

이미 말했듯이 비밀 요원의 삶은 위험으로 가득 차 있어. 어떤 위험이 너를 기다리고 있는지 예상할 수 있게 앞으로 하게 될 50가지 모든 미션마다 발생할 수 있는 위험을 표시해 놓았어. 미리 한번 살펴 봐.

 혼란스러움

 답답함

 창피함

 손상을 입힘

 상처와 부상

 역겨움

 지겨움

 다른 사람을 다치게 함

 죽을 정도의 피곤함
 과도한 흥분

 돈을 잃음
 넘어지거나 넘어뜨림

 시간을 허비함
 몸이 더러워짐

 길을 잃음
 귀찮은 사람

 화상
 부패물

 부모님의 노여움
 불쾌한 벌레들

 새들의 공격
 홍수

 실명
 죽을 듯한 쇼크

 종속됨
 탈수 현상

 아사
 중독

 찢어진 마음
 비난

 경찰과의 곤란한 일
 밤의 괴물들

 야생 동물

 다른 이들에게 피해를 줌

 폭발

 후회

 차례

01- 부모님의 모든 것을 관찰하고 기록할 것 ···32
02- 인터넷으로 모든 정보를 얻어라 ···35
03- 이메일 주소 만들기 ···39
04- 집에 있는 모든 물건을 알아낼 것 ···42
05- 최소한 한 달 동안 운동을 해라 ···44

06- 다이어리 사용하기 ···47
07- 동네 지도 만들기 ···51
08- 엄청 긴 시를 외워라 ···54
09- 중고 물품 판매상 ···57
10- 여행을 계획해라 ···60

11- 직접 키운 야채 먹기 ···63
12- 도로표지판 읽기 ···66
13- 어른들의 게임을 배울 것 ···68
14- 옷을 직접 수선할 것 ···70
15- 전구를 교체해라 ···73

16- 연설을 해라 …76
17- 웹 페이지 만들기 …79
18- 손발톱을 전부 깎을 것 …82
19- 길거리 공연 …84
20- 식당 예약 …87

21- 집 청소 …90
22- 여행 가방을 챙겨라 …93
23- 도시 탐험 …96
24- 장보기 …99
25- 자동차 바퀴 갈아 끼우기 …102

26- 사업가 …107
27- 세탁기 사용법을 정복해라 …110
28- 액자 걸기 …114
29- 불을 사용하지 않고 요리할 것 …117
30- 불을 사용해서 요리할 것 …120

31 - 할아버지, 할머니 이야기 …123

32 - 옷을 제대로 입기 …126

33 - 응급 처치 배우기 …130

34 - 닌자가 되어라 …134

35 - 마사지 기술 …137

36 - 갓난아이 기저귀 갈기 …140

37 - 배달 음식 주문하기 …144

38 - 데이트 신청 …146

39 - 키스하기 …149

40 - 아이에게 밥을 먹여라 …152

41 - 냉동과 해동 …155

42 - 등산하기 …158

43 - 직접 토성을 볼 것 …160

44 - 다섯 나라의 낯선 음식 먹어 보기 …163

45 - 신문 읽기 …167

46- 족보 그리기 …170

47- 춤을 배워라 …173

48- 박물관에 혼자 가라 …175

49- 아이돌 스타를 만나라 …177

50- 밤새우기 …180

51- ……………………… …182

모든 시대를 통틀어 가장 위대한 스파이들 …185

친애하는 비밀 요원에게 …189

비밀 미션 시작

미션 01

부모님의 모든 것을
관찰하고 기록할 것

너의 최초 미션은 부모님이 무엇을 하시는지 정확하게 알아내는 거야. '정확하게'라는 것은 바로 '틀림없게'라는 의미야. 모든 세부 사항, 힌트, 가장 보잘 것 없는 것도 중요해. 나중에 너에게 유용한 것이 될지 누가 알아.

일주일 동안 너는 부모님과 함께 있을 때에는 그 옆을 떠나지 말고 계속 따라다녀. 집 안 어디든지, 매우 조심스럽게. 부모님 가까이에 앉아서 숙제를 하는 척하거나 책을 읽는 척하면서 관찰하렴. 그들이 무엇을, 언제, 어떻게 하는지 살펴보고, 그 모든 것을 수첩에 적어 봐. 네가 이해하지 못하는 것이 있으면, 순수한 표정으로 단지 궁금해서 그러는 것처럼 물어 봐. "누구와 말하고 있었어요, 아빠?" 혹은 "컴퓨터에 있는 그 숫자들은 뭐에요, 엄마?" 부모님이 너에게 "학교에서 뭐했니?" 하고 물으면 "회사에서 무엇을 하셨어요?" 하고 거꾸로 질문한 다음에 더 자세하고 많은 설명을 얻어 내려 해 봐. 네가 이해하지 못하는 것이 있더라도 일단 써.

부모님이 너를 깨우기 전에 무엇을 하는지 알아내려면 너는 아마 여느 때보다 더 일찍 일어나야 할 거야. 심지어 늦게까지 잠도 못 잘 거야. 쉬운 일이 아니지. 만일 부모님이 네가 하는 일을 알아채면, 9페이지의 충고를 따르도록 해!

미션 완료!

조사하면서 어른들에 대해 알게 된 세 가지를 적어 봐.

1.

2.

3.

몇 번이나 들켰니?

0   1   2   3   4번 이상

점수

- 집에서 살아남기 **+2**
- 열악한 상황에서 살아남기 **+1**
- 참을성, 인내심, 절대로 포기하지 않기 **+1**

점수를 얻기 위해 도전할 횟수

미션 02

인터넷으로 모든 정보를 얻어라

비밀 요원은 모르는 게 없지. 만일 모르는 게 생긴다 해도 정보를 어디에서 찾아야 하는지 알고 있어. 너희 집에 백과사전 전집이 없다면, 너희 집이 도서관 위층에 있지 않다면, 인터넷이 바로 해답이야. 하지만 인터넷은 위험하다는 걸 먼저 알아야 해. 거기엔 네가 보면 안 되는 것으로 가득 차 있거든. 자, 너는 현명해야 해. 왜냐면 인터넷은 또 네가 봐야만 하는 것으로도 가득 차 있으니까.

그래서 우리는 약간의 연습을 해 볼 거야. 이제 너는 다음에 소개하는 사이트를 통해 '인터넷 닌자'가 될 수 있어. 인터넷 닌자가 뭐냐고? 키보드나 화면을 보지 않고도 검색할 줄 알고 위험한 사이트를 요리조리 피해 다닐 수 있는, 손가락이 자유자재로 움직이는 사람. 그게 인터넷 닌자가 아니고 뭐겠어!

1. **검색 사이트** 구글(Google), 네이버(Naver), 다음(Daum)……. 너는 이미 많은 검색 사이트들을 알고 있겠지. 이곳은 무엇이든 검색하기 가장 좋은 출발점이야. 검색 창에 이런 질문을 해 봐. '영국을 대표하는 가수, 오드아이' 매우 훌륭한 대답들이 쏟아져 나올 거야. 이제 그의 노래가 소개된 곳이 있으면 들으러 가 봐.

2. **구글 지도** 세상의 모든 곳을 찾아볼 수 있는 지도이고 네가 원하는 장소에 갈 수 있게 안내까지 해 줘. 이름이나 주소, 위도와 경도 같은 지리적 좌표를 알  고 있으면 필요한 건 다 찾을 수 있어. '지구(earth)'라는 버튼을 누르면 우주로부터 사물을 볼 수 있어. 지금 'Giza의 피라미드', '푸나푸티', 'Popocatepetl', '221B Baker Street' 그리고 너희 집 주소를 검색해 봐.

3. **플리커** 이 사이트는 거대한 사진 보관소야. 이제 '스톤헨지', '발레', '열대어', '웃음', '우주 비행사', '구름'을 찾아봐.

4. **위키피디아** 지금까지 전혀 존재하지 않았던 가장 거대한 백과사전인데, 누구든지 원하면 내용을 계속 보충할 수도 있어. 사람들의 생애, 역사와 지리에 관한 지식, 과학과 기술 정보, 스포츠, 예술, 종

교, 의학 관련 개념 등 네가 생각하는 모든 것을 찾을 수 있는 완벽한 장소야. 지금 '코모도왕도마뱀', '이순신', '안젤리나 졸리', 'UFO' 'Sekhmet'에 대해 찾아봐. 어때, 잘 되어 가고 있어?

5. **유튜브** 아직도 TV를 보니? 그만 보고 이리 와 봐. 지금 바로 '구슬자석', '레고 스타워즈', '자동차 운전법', '기타 치는 법', '새끼 고양이', '화산 폭발'에 대해 찾아봐.

6. **IMDB** 이 사이트에는 네가 좋아하는 영화들과 TV 시리즈 그리고 영화계 스타들에 대한 상세한 정보가 있어. 못 믿겠다고? 그렇다면 'Peppa Pig', 'Harrison Ford', 'Natalie Portman', 'SpongeBob', 'Toy Story'를 찾아봐.

 미션 완료!

네 생각에 반드시 필요한 세 개의 사이트와 그 안에는 무엇이 있는지 이곳에 적어 보자.

1.
2.
3.

점수
- 기술 지식 +2
- 열악한 환경에서 살아남기 +1
- 새로운 것을 만들고 즐기기 +1

점수를 얻기 위해 도전할 횟수

미션 03

이메일 주소 만들기

비밀 요원들에게는 이메일이 필요해. 이메일은 여러 친구 요원과 의사소통을 할 뿐만 아니라, 인터넷 서비스에 접근할 수 있는 가장 좋은 방식이야. 나만의 이메일을 갖는 것은 매우 쉬워. 컴퓨터로 인터넷에 접속해. 그러고는 daum.net이나 naver.com, 혹은 gmail.com이나 yahoo.com과 같은 무료 이메일 서비스로 가서 새로운 계정 만들기를 선택하면 돼.

　제일 먼저 사용자 이름을 선택해야 해. 너의 실제 이름 혹은 만들어낸 이름을 사용할 수 있어. 하지만 같은 이름이 많아서 흔한 이름은 이미 이메일 계정으로 사용되었을 거야. 예를 들면, anne@gmail.

com, ironman@yahoo.com 같은 많은 이름이 이미 사용되었다는 것을 기억해야만 해. 그러니까 네가 harrypotter@gmail.com을 사용하기를 원한다면, 이름 뒤에 무엇인가를 첨부해야 해. 예를 들어 harrypotter2987@gmail.com 처럼.

그다음에는 너만 알고 있어야 하는 비밀번호를 만들어. 비밀번호를 제대로 채워 넣어야 너의 계정으로 들어갈 수 있어. 집으로 가는 열쇠 같은 거야.

이렇게 한 번 하고 나면 이메일 주소를 가지고 있는 다른 모든 사람에게 이메일을 쓸 수 있어. 그리고 그들이 너에게 답장을 보낼 거야. 이때부터는 다음과 같은 간단한 행동 규정을 따라야 한다는 것을 잊지 말자.

- 아는 사람 중, 믿을 수 있는 사람에게만 이메일 주소를 줄 것.
- 비밀 정보 혹은 기타의 모든 것을 쓰지 말 것. 네가 보내는 모든 것이 다른 사람들에게 보여 질 수 있고, 혹은 해커(그리고 부모님)들이 몰래 볼 수도 있다는 것을 명심해.
- 모르는 주소에서 온 편지는 항상 무시할 것. 너무나 많은 이상한 사람들, 회사들, 조직체들이 자기 사이트로 들어오게 해서 물건들을 사게 하려고 형편없는 메일을 발송하고 있어. 이것을 '스팸

(spam)'이라고 불러. **절대로** 답장을 해서는 안 되고, 너에게 제안하는 링크를 **절대로** 클릭하면 안 돼. 특히 너에 관한 정보를 제공해서는 **절대로** 안 돼!

 미션 완료!

너의 이메일 주소를 이곳에 적어 봐.

비밀번호를 기억나게 하는 힌트를 적어 봐. 오직 너만 이해할 수 있는 힌트로!

점수	점수를 얻기 위해 도전할 횟수
• 기술 지식 +2 • 사람들과 접촉하기 +2 • 새로운 것을 만들고 즐기기 +1	

미션 04

집에 있는 모든 물건을 알아낼 것

부모님이 갖고 있는 모든 것과 그것을 어디에 보관하는지 알아낼 시간이 다가왔어. 이번 미션은 집에 있는 모든 물건을 상세하게 목록으로 정리하는 거야. 방별로 계획을 세워서 각각 책, 포크, 작은 솥들뿐만 아니라 다양한 종류의 물건을 적어 봐. 예를 들면, 부엌에서는 이렇게 적을 수 있을 거야.

- 문 뒤의 구석: 빗자루, 쓰레받기, 앞치마
- 찬장 상단 왼쪽: 시리얼, 면류, 쌀, 크래커
- 기타…

몇 가지 물건은 발견하기가 힘들 수 있어. 열쇠가 채워져 있거나 아주 높은 곳에 있는 물건들 말이야. 그럴 때 네가 할 일이 생긴 거야! 열쇠가 어디에 있는지 찾아 보고, 튼튼한 사다리를 사용해 보고, 스파이에게 물어봐. 그런데도 찾아낼 수 없는 것이 있다면, 참아야지 뭐. 어른들도 자기 비밀을 지킬 권리가 있으니까.

미션을 마치면 너는 부모님처럼 집에 대한 너만의 지도를 갖게 될 거야. 부모님이 "드라이버를 어디에 뒀더라?" 하고 말하면, 너는 곧장 이렇게 말하겠지. "자, 여기 있어요!"

 미션 완료!

집 안을 탐색하면서 발견한 가장 흥미로운 물건은 뭐였니?

1.
2.
3.

점수
- 집에서 살아남기 **+ 2**
- 사람들 보살피기 **+ 2**

점수를 얻기 위해 도전할 횟수

미션 05

최소한 한 달 동안 운동을 해라

이번 임무는 네가 얼마나 건강한지 보여 줄 수 있는 좋은 기회야. 운동은 튼튼하고 유연한 몸을 유지하는 데 가장 기본적인 거야. 바로 그렇기 때문에 많은 어른이 운동을 하는 거야. 물론 운동을 하는 것이 어렵다는 것은 알고 있어. 땀도 나고. 하지만 너의 한계를 넘어섰을 때 느끼는 만족감을 생각해 봐. 그리고 누가 알아, 너에게 챔피언 자질이 있는지!

한 달 동안 하루에 최소한 20분씩 운동하는 것을 권하고 싶어. 이것을 해내면 아마 나중에도 계속하게 될 거야. 언제 하냐고? 네가 원할 때. 하지만 아침에 하는 것이 더 좋아. 20분 일찍 알람시계를 맞춰. 열심히 하고! 만일 자신이 없다면, 저녁 먹기 조금 전에 항상 운동을 할 수 있어. 물을 많이 마셔야 한다는 것도 잊지 말고!

• **조깅**: 조깅은 가볍게 달리는 거야. 운동화를 신고 네가 사는 동네나 공원을 달리는 것으로 충분해. 제자리에서 혹은 복도를 따라 왔다 갔다 하며 달리기를 할 수도 있어.

• **줄넘기**: 줄넘기는 어디에서나 운동을 할 수 있는 최고의 방법이야. 줄넘기만 있으면 돼.

• **수영**: 네가 수영장에 갈 수 있다면, 수영은 전신 운동을 할 수 있는 가장 좋은 방법 중 하나야.

• **자전거 타기**: 이게 어떤 운동인지 설명할 필요는 없겠지?

• **계단 오르기**: 여러 층으로 이루어진 건물에 산다면, 계단을 오르고 내리는 것은 운동하기에 최고의 방법이야. 엘리베이터를 타지 말고 계단에서 매일 운동을 해 봐.

• **나에게 맞는 운동 찾아보기**: 힘이 들어도 너와 맞는 스포츠를 찾으면 즐기며 운동할 수 있어. 야구, 축구, 농구, 테니스, 배구, 스케이트, 댄스 등 아주 많아.

• **요가의 해맞이 자세**: 인도의 현자는 하루에 일곱 번 이걸 하면 일생 동안 충분히 건강을 유지할 수 있다고 말했대. 어떻게 하는 거냐고? 인터넷에서 찾아 보렴. '태양 경배 자세', '태양 예배 자세', '해맞이 자세'라는 검색어로 찾아보면 돼.

미션 완료!

운동을 한 장소:

운동을 시작한 날짜:

점수
- 참을성, 인내심, 절대로 포기하지 않기 +2
- 사람들 보살피기 +2

점수를 얻기 위해 도전할 횟수

미션 06

다이어리 사용하기

다이어리는 어른들이 사용하는 비밀 도구 중 하나야. 들고 다니는 달력이라고 생각하면 돼. 그 안에 1년 365일 모든 날에 대해 약간의 메모를 할 수 있는 공간이 있어. 어른들은 그곳에 해야 할 일을 적어 놔. 또한 스마트폰이나 컴퓨터에 다이어리 프로그램을 가지고 있기도 해. 하지만 전통적인 종이 다이어리가 더욱 효율적이야.

이번 미션을 완수하려면 너는 다이어리를 준비해야 해. (스파이에게 도움을 요청하렴.) 그리고 다음 지침을 읽어 보고 한 달 동안 네가 '할 일을 정리'해야만 해.

1. 우선, 네 생일이 적힌 날짜가 있는 페이지로 가서 '내 생일!'이라고 크게 적어. 그 다음에는 네 친구들의 생일과 크리스마스, 개교기념일, 식목일 그리고 방학을 비롯해서 파티, 음악회 등 특별한 모든 행사를 표시해.
2. 일주일에 한 번은 그 주 동안 해야 하는 계획이 어떤 게 있는지, 몇 시에 있는지 적어 봐. 예를 들어, 수업 시간표, 방과 후 활동, 네가 수행해야 할 비밀 미션들, 친구들과의 만남 등을 다이어리에 적어 보는 거야.
3. 너는 해야 할 일을 확인하기 위해 매일 다이어리를 펼쳐 보게 될 거야.
4. 만일 약속을 지킬 수 없을 것 같아도 걱정하지 마. 그 약속을 다른 날로 옮기면 돼.

좋아. 이제 적당히 배운 것 같으니, 당장 그만 멈춰. 그렇지 않으면 자칫 너도 모든 것을 계획하는 너무나 재미없는 어른들 중 한 사람이 될 수 있어.

미션 완료!

다이어리에서 일정이 특히 빡빡한 한 장을 뜯어 여기에 붙여 봐.

점수
- 열악한 환경에서 살아남기 +1
- 기술 지식 +1
- 사람들 보살피기 +1

점수를 얻기 위해
도전할 횟수

미션 07

동네 지도 만들기

모든 비밀 요원은 자신이 살고 있는 곳에 대해 알아야만 해. 너는 모눈종이와 연필을 준비해서 네가 사는 동네의 구석구석을 탐험하기 시작해. 그리고 지도에 모든 것을 옮겨 봐. 쉬운 일은 아니야. 지도가 정확하면 정확할수록 매우 중요한 지형지물을 더 포함할 수 있어. 땅의 모양이나 그 위에 놓여 있는 온갖 물건들 말이야. 예를 들면,

- 상점과 슈퍼마켓
- 공원
- 동상과 기념물

- 커피숍과 식당
- 우체국
- 분리수거 쓰레기통(쓰레기 종류를 적어 보렴.)
- 종교 시설
- 영화관과 연주회장
- 주유소와 주차장
- 도서관과 문화 센터
- 버스 정류장(그곳을 지나는 모든 버스 노선을 옮겨 써.)
- 현우네 집
- 중요하게 여겨지는 모든 장소

아는 사람의 집이라든가, 최근 입수한 매우 비밀스러운 정보(예: "저곳 음식은 너무나 맛이 없어." 혹은 "저 집에는 유령이 살고 있어.")를 표시해 봐.

 미션 완료!

동네를 탐험하며 발견한 가장 중요한 것들을 이곳에 써 보자.

1.

2.

3.

네가 그린 그림을 여기에 붙여 보자. (필요하면 접어도 돼!)

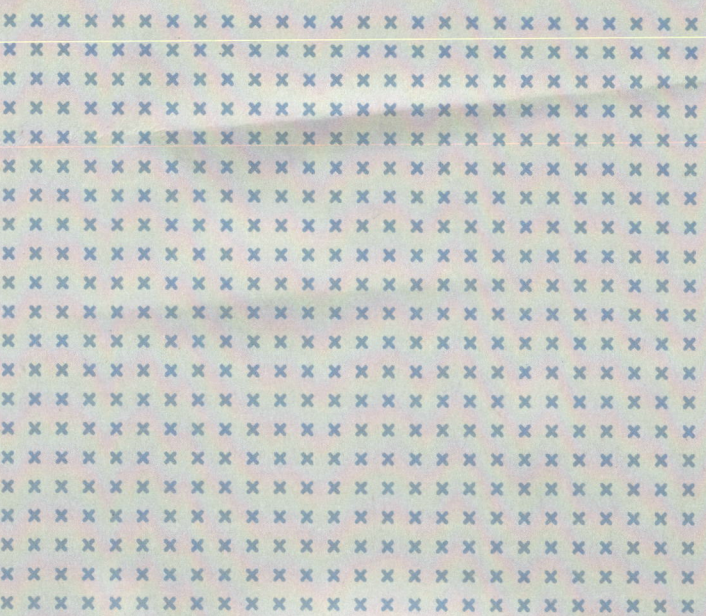

점수
- 열악한 환경에서 살아남기 +2
- 새로운 것을 만들고 즐기 +1

점수를 얻기 위해
도전할 횟수

미션 08

엄청 긴 시를 외워라

기억력은 어른들의 세계에서 매우 중요한 거야. 말하자면, 변호사들은 법을 외워야 하고, 의사들은 다양한 병의 증상을 외워야 하고, 웨이터들은 손님들이 주문한 것을 실수 없이 기억해야 해. 이젠 네 차례야.

자, 시는 어른들이 아는 척 하는 방법 중의 하나야. 시인들은 종종 이상하고 거의 사용되지 않는 단어들을 반복해. 예를 들면, "거대함으로 나는 깨닫네."와 같이 의미가 없어 보이는 것들이지. 혹시 궁금한 친구들을 위해 설명하자면 이 문장은 이탈리아 시인 웅가레티의 시 일부분이야. 어쨌든, 넌 이 문장을 이해했니? 그래, 그렇지. 하지만 걱정하지 마.

이해하는 게 꼭 중요한 것은 아니야. 어떤 것이 아름답다면, 그냥 아름다운 거야. 그것으로 충분해. 하지만 너 같은 비밀 요원에게는 시를 이해하려는 일이 훌륭한 도전임에 틀림없어.

집에 있는 시집을 찾아봐. 혹시 없니? 없다면 어른들에게 불평을 해. 어느 집에나 시집은 반드시 있어야 하는 법이니깐. 도서관에 가서 시집을 찾아봐. 혹은 인터넷에서 시인을 찾아서 네가 가장 마음에 드는 시를 골라 봐. 에밀리 디킨슨, 윤동주, 월트 휘트만. 여기서 더 나아가 대단한 도전을 해보고 싶다면, 『신곡』의 한 소절을 외우는 건 어때? 시도는 해 볼 수 있잖아. 어쨌든, 네가 선택한 시는 길어야 해. 어느 정도? 최소한 한 페이지 정도.

이제, 조용한 장소를 찾아 외우기 시작해 봐. 책을 보지 않고, 시의 첫 행 전체를 암송할 수 있을 때까지, 여러 번 반복해 봐. 같은 방식으로 둘째 행도 반복해. 그 다음엔 첫 행과 둘째 행을 모두 함께 반복해 봐. 물론 책을 보지 않아야 해. 첫 행과 둘째 행을 외우는 데 성공했다면, 셋째 행을 외우고, 그다음에는 앞에 외운 것들과 함께 반복해 봐. 이게 기법이야. 이제 너는 이 방식으로 시 전체를 외우면 돼. 시간이 좀 걸릴 거야. 그리고 매우 여러 번 반복해야 해.

하지만 마지막에 너는 네 자신은 물론 친구들, 선생님들 그리고 틀림없이 너의 부모님까지 놀라게 만들 거야. 네가 어려운 시를 외울 수 있다면 너는 무엇이든지 배울 수 있어. 하지만 시를 외우는 진짜 이유를 누구에게도 말해서는 안 돼.

미션 완료!

네가 외운 시의 제목과 첫 행을 써 봐.

이번에는 가장 이해하기 힘든 문장을 써 봐.

점수
- 사람들 보살피기 +1
- 참을성, 인내심, 절대로 포기하지 않기 +2

점수를 얻기 위해
도전할 횟수

미션 09

중고 물품 판매상

너는 처음으로 진짜 돈을 벌 수 있는 기회를 갖게 될 거야. 어른들이 하는 일이라서 도전해 볼 의미도 있지만, 이미 말했듯이 앞으로 매우 어려운 미션들이 기다리고 있고 그 미션들을 수행하려면 돈이 필요할 때도 있어. 그래서 너에게 제안하는 거야.

일단 너는 잡동사니를 정리해야 해. 우리가 무엇에 대해 말하고 있는지 잘 알고 있지? 아직도 방에서 돌아다니는 책들과 장난감들 그리고 쓸모없는 물건들. 그리고 네가 비밀 요원이 무엇인지 몰랐던 꼬마 아이였을 때부터 갖고 있던 온갖 물건들……. 네가 '미션 4'를 완료했다면, 너는 이미 이러한 것을 집 안에서 꽤 많이 발견했을 거야. 좋아.

네가 가진 오래된 것들을 상자에다 집어넣고 그 위에 '팝니다.'라고 적어. 그리고 길모퉁이 혹은 아이들과 그들 부모가 자주 다니는 공원에 자리를 잡아. 하지만 반드시 조심할 게 있어. 여동생이 좋아하는 장난감이라던가 엄마의 약혼반지 같은 물건을 상자에 넣으면 큰일 나.

이 시점에서 너는 지나가는 사람들을 멈춰 세우고, 그들에게 장난감들을 비롯해서 매우 멋있는 물건들을 환상적인 가격으로 판매한다고 말해. TV에서 수많은 광고를 봤을 거야. 너도 광고 못지않게 귀엽고, 호의적이고, 친절해야 해. 대부분의 사람이 아무 것도 구입하지 않아도 용기를 잃지 마. 원래 다 그래. 그들은 자신들이 무엇을 놓치고 있는지 모르거든.

각각 물건의 가격을 정하는 것은 상당히 어려운 일이야. 이럴 땐 인터넷에서 비슷한 물건의 가격을 찾아보면서 도움을 얻을 수 있어. 이베이, 옥션 등의 온라인 상거래 사이트에 들어가서 물건의 이름을 입력하고 중고 제품을 얼마에 판매하는지 알아봐. 아니면 아마존이나 지마켓 등에서 새 제품을 얼마에 판매하는지 알아봐.

명심해야 할 것은 가격을 말한 다음에는 할인을 해야 한다는 거야. (어른들이 매우 좋아하거든.) 어쩌면 상대편에서 네가 말한 가격보다 더 싸게 달라고 요구할 수도 있어. 이것을 '협상한다'라고 말하는데, 매우 오래전부터 이어져 오는 방식이야. 네가 만 원을 요구하면, 손님은 "오천 원에 살 수 있나요?" 하고 물어 볼 거야. 바로 그때, 너는 "안 됩니다, 미안합니다. 칠천 원 이하로는 할 수 없어요."라고 말해야 해. 최종 가격에 대해 두 사람 모두가 만족할 때까지 협상을 해야 해. 어떤 사람은 물건을 교환하자고 요청할 수도 있어. '물물교환'이라고 하는데, 매우 유리할 수도 있어. 판단을 빨리 해야 해! 너무 진지하게 생각하지 마. 네가 판매하려고 하는 물건들은 장롱 구석에서 잊혀져 있던

거잖아. 알고 있지? 그러니까, 무엇보다 즐길 생각부터 해!

✓ **미션 완료!**

판매한 물건 목록과 판매 가격을 적어.

물건   가격

1.   ....
2.   ....
3.   ....
4.   ....
5.   ....

점수
- 사람들과 접촉하기 +1
- 열악한 환경에서 살아남기 +1
- 새로운 것을 만들고 즐기기 +1

점수를 얻기 위해
도전할 횟수

미션 10

여행을 계획해라

세상은 거대하고 흥미로운 곳이야. 하지만 아직 너는 혼자 여행하기엔 어리지. 그렇다고 해서 여행 준비조차 못하는 건 아니잖아. 네 마음을 더욱 끌어당기는 것은 뭐니? 오래된 유적과 피라미드? 고층 빌딩들? 신비한 전통을 지닌 이국적인 나라들? 야생 동물들이 사는 열대 정글? 외로운 낙타가 가끔 지나가는 고요한 사막? 해안가? 용암을 분출하는 화산?

일생 동안 꼭 한 번은 방문하고 싶은 곳을 다섯 곳 선택해 봐. 우선, 어른들에게 어느 곳에 가봤는지 물어보거나, 여행 가이드북, 책, 잡지를 읽어 봐. 혹은 구글지도를 찾아가며 조사를 해야만 할 거야.

여행 경비는 얼마나 들까? 여행사에 가서 물어보거나 인터넷의 도움을 받아 혼자서 알아보는 것을 시도해 보렴. 항공편에 대해서는 '스카이스캐너'라는 항공권 예약 사이트를 사용할 수 있는데, 집과 가장 가까운 공항의 이름과 네가 가고 싶은 지역의 공항 이름을 입력하면 돼. 호텔에 관해서는 '부킹닷컴' 사이트를 이용하면 돼.

가장 상세한 방식으로 가장 흥미로운 것을 하기 위해서 얼마만큼의 시간이 걸리는지 알아봐. 그곳에 가봤던 사람의 사진을 찾아보고, 적어도 한 페이지 정도를 아이디어, 지도, 가고자 하는 각 장소의 이미지로 채워 보렴. 그다음엔 말이야……. 부모님을 조르기 시작해!

✔ 미션 완료!

여행지 다섯 곳과 거기서 어떻게 놀 것인지 적어 봐.

장소	뭐하고 놀까?
1.	....
2.	....
3.	....
4.	....
5.	....

네가 진짜 갔던 장소, 혹은 친구 요원이 갔던 장소 적어 보기.

점수

- 기술 지식 +1
- 사람들 보살피기 +1
- 새로운 것을 만들고 즐기기 +1

점수를 얻기 위해 도전할 횟수

미션 11

직접 키운 야채 먹기

슈퍼마켓에서 음식을 구입하는 것은 쉬워. 하지만 네가 키운 것을 먹을 때의 감동을 상상해 봐! 너에게 필요한 것은 단지 약간의 흙과 마당이나 베란다의 한쪽 구석 혹은 화분이야. 다양한 종류의 야채를 재배하는 방법에 대해서는 인터넷에서 많이 찾을 수 있어. 예를 들면, 네가 자주 들어가는 검색 사이트에서 '샐러리를 재배하는 방법'을 찾아봐. 그밖에 완두콩이라든가 상추, 당근, 감자, 토마토 등 많지. 어쩌면 딸기 같이 키우기 쉬운 것부터 시작해도 좋을 것 같아. 봄이 끝날 무렵에 묘목상에 가서 딸기 모종 대여섯 개를 구입해. 그다음에…….

1. 중간 크기의 화분을 준비하고 3분의 2정도를 흙으로 채워. 그리고 화분의 밑 부분으로 물이 새어나올 때까지 물을 줘.

2. 손으로 넓이가 7센티미터, 높이가 3센티미터 정도의 작은 흙덩어리들을 만들어. 흙덩이 사이에는 15센티미터 정도의 공간을 둬야 해.

3. 비닐 봉투에 들어있는 작은 화분에서 모종을 조심스럽게 꺼내. 뿌리 주위에 있는 흙을 제거한 다음, 1시간 동안 물 컵에 묘목을 담가 둬.

4. 준비한 흙덩어리에 줄기와 뿌리가 만나는 부분 위로는 밖으로 내놓고 각각의 모종을 심어.

5. 물이 화분 밑으로 새어나올 때까지 다시 한 번 흙에 물을 준 다음 화분을 밖에 내놓거나 집 안의 창가에 놔. 딸기는 햇빛이 많이 필요하다는 점을 명심해.

6. 지금부터 진짜로 시작할 차례야. 사실, 가장 어려운 부분은 매일 모종을 돌보는 일이야. 너는 모종이 물에 잠기지 않고 흙

을 적실 정도로 규칙적으로 화분에 물을 줘야 해. 또한 모종의 열매 부분이 아니라, 줄기와 뿌리가 만나는 부분에 물을 줘야 해. 그렇지 않으면 모종이 썩게 돼. 잡초를 제거해 주고, 처음 피는 꽃들은 따 줘야 해. 이렇게 해야 뿌리가 튼튼해져.

7. 딸기가 빨갛게 익으면, 따서 바로 먹으면 돼!

미션 완료!

여기에 딸기 잎사귀를 붙이거나 약간의 딸기즙을 묻혀 봐.

점수
- 기술 지식 +2
- 집에서 살아남기 +2
- 참을성, 인내심, 절대로 포기하지 않기 +2
- 사람들 보살피기 +1

점수를 얻기 위해 도전할 횟수

미션 12

도로표지판 읽기

도로표지판은 대부분의 어른이 운전을 시작할 때 배우는 비밀 코드야. 도시를 돌아다닐 때, 도로표지판을 자세히 보고 그것들을 수첩에 옮겨 적어 봐. 물감이 있다면 더 좋을 거야. 왜냐하면 가끔 중요하거든. 어떤 도로표지판은 둥글고, 어떤 것은 삼각형이고, 어떤 것은 사각형이거나 육각형이라는 것을 알게 될 거야. 왜 그런지 알아봐. 여느 때처럼 학교 숙제를 한다는 핑계로 부모님께 혹은 스파이에게 물어볼 수 있을 거야.

다 귀찮다면, 구글에서 '도로표지판'을 입력해서 무엇이 나타나는지 봐. 중요한 건 네가 살고 있는 지역에 어떤 표지판이 있는지 알고 있어야 한다는 거야. 북극해에 위치한 스피츠베르겐에는 북극곰 경고 표지판이 있고, 과테말라에는 독사뱀 경고 표지판들이 있어.

 미션 완료!

새로운 도로표지판을 하나 만들어 보렴.
(예: 펭귄이 지나가는 곳/귀찮게 하는 자매나 형제 있음. 주의!/어른들은 출입 금지)

점수
- 열악한 장소에서 살아남기 +2
- 참을성, 인내심, 절대로 포기하지 않기 +1

점수를 얻기 위해 도전할 횟수

 ~

미션 13

어른들의 게임을 배울 것

어린이용 게임을 생각하고 있다면 크게 실수하는 거야. 여기서 말하는 게임들은 진지한 게임들이야. 가끔은 브리지 게임과 같이 배우기가 매우 어려운 게임도 있고, 또 가끔은 장기나 바둑처럼 세계에서 가장 전략적인 게임도 있어. 포커나 블랙잭 같은 도박 게임은 무언가를 걸고 게임을 하지. 그러고는 모든 것을 잃을 수 있어.

지금 소개하는 게임 중 세 가지를 선택해. 게임들의 규칙은 인터넷에 나와 있어. 넌 친구 요원과 연습을 하면 돼. 자, 골라 봐! 장기, 바둑, 쇼기, 마작, 백가몬, 체스, 부라코, 브리지……

미션 완료!

이번에 배운 게임을 좋아하는 순서대로 써 보자.

1.

2.

3.

점수
- 새로운 것을 만들고 즐기기 **+2**
- 다른 사람들과 접촉하기 **+1**

점수를 얻기 위해 도전할 횟수

(게임당 세 번)

미션 14

옷을 직접 수선할 것

원시시대부터 사람들은 늘 바느질해서 자신의 옷을 수선했어. 매우 어려운 일 같지만 그렇지 않아. 기껏해야 두세 번 정도 손가락을 바늘에 찔릴 뿐인걸. 바느질 기술은 생각보다 유용하게 사용될 거야. 동생과 싸우다가 혹은 밖에서 놀다가 옷이 찢어졌을 때 옷을 다시 꿰매 놓으면 그 사실을 들키지 않을 수도 있거든. 그리고 정말 심심할 때는 재킷 안쪽에 비밀 호주머니를 만들어서 그곳에 너의 비밀 요원용 특수 장비들을 넣고 다닐 수 있어!

1. 수선해야 하는 옷감과 가장 비슷한 색깔의 긴 실을 집어. 그다음 필

요한 실의 두 배 정도의 길이로 잘라.

2. 정신을 집중하고 심호흡을 한 다음, 손을 움직이지 말고 실을 바늘귀에 넣어. 하기 힘들면 실을 더 뾰족하게 하기 위해 실 끝을 침으로 적셔 봐. 됐니? 좋아! 이제는 바늘을 실 가운데로 보내면서 실 양끝을 만나게 한 다음, 끝부분에 매듭을 만들어.

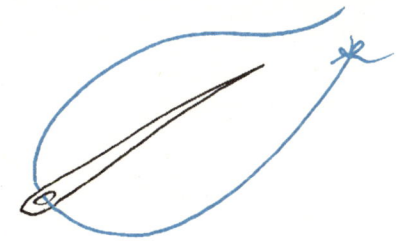

3. 옷을 뒤집고 나서 옷감의 찢어진 부분의 시작 부위에 바늘을 집어넣는데, 옷감 두 겹이 통과하도록 바늘을 넣어. 그리고 실이 멈출 때까지 실을 잡아당겨. 만약 매듭 부분이 걸리지 않고 이 옷감을 그냥 통과해 버리면, 다시 매듭을 더 크게 만들어야 해. (처음부터 성공하기란 결코 쉽지 않아. 스파이에게 도움을 요청하거나 엄마나 할머니가 바느질하는 모습을 유심히 관찰하는 것도 도움이 될 거야.)

4. 가장자리를 따라 상상의 선을 따라가며 옷에 바늘을 다시 집어넣어. 한 땀 한 땀 계속. 모든 땀들이 비슷한 크기가 되도록 해 봐.

바느질을 끝마쳤을 때 이런 모양의 점선이 만들어져야 해.

- - - - - - - - - - - - - - -

5. 가장자리를 완전히 꿰매게 되면 바늘을 빼내고 남아 있는 실을 가위로 자르면 돼.

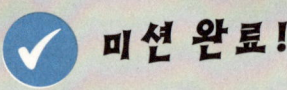

미션 완료!

네가 임무를 끝냈다는 증거로 남은 실을 여기에 붙여.

점수

- 기술 지식 +1
- 집에서 살아남기 +2
- 사람들 보살피기 +1
- 참을성, 인내심,
  절대로 포기하지 않기 +1
- 위험에 대처하는 능력 +1

점수를 얻기 위해 도전할 횟수

미션 15

전구를 교체해라

가장 쉽고도 빨리 할 수 있는 미션이야. 하지만 뭔가 잘못되면 치명적일 수도 있어. 너는 다음 네 가지의 위험에서 벗어나야 해. 전기 그 자체, 굉장한 열기, 유리가 수많은 파편으로 깨질 위험성, 사다리에서 떨어질 가능성. 이러한 이유 때문에 반드시 스파이와 함께해야 해. **혼자서는 절대 안 돼.** 준비가 다 되었으면, 시작해.

1. 낮에 할 것. 어두울 때 작업하면 또 다른 위험요소가 추가될 거야.
2. 가장 중요한 사항은 전구를 바꿀 때, 전기가 전구의 밑 부분 금속에 도달하지 않아야 한다는 거야. 전구가 탁자용 전등에 달려 있으면 전기

플러그를 뽑기만 하면 돼. 반면에 전구가 천장이나 벽면 속을 지나가는 전선에 연결되어 있으면 집 전체의 전기를 차단해야 해. 이 작업을 하기 전, 모두에게 미리 이 사실을 알려야 해. 집 안에 두꺼비집이 있을 거야. '미션 4'를 수행했으면 두꺼비집의 위치를 파악했겠지. 두꺼비집을 열고 스위치를 꺼야 해. 확실히 꺼졌는지 확인하기 위해서 TV를 켜 봐.

3. 이제 본격적으로 전구를 만질 차례야. 전구가 벽면이나 천장에 있으면, 튼튼한 사다리 위에 올라가서 자세를 잘 잡아야 해.

4. 손가락을 전구에 가까이 대서 뜨겁지 않은지 확인해 봐. 뜨겁지 않으면 전구를 돌려서 빼내.

5. 이때는 전구를 꼭 잡고 시계 반대방향으로 돌리며 빼내야 해. 전구를 떨어뜨리지 않도록 조심해야 해. 빼낸 전구는 안전한 곳에 놔야 해.

6. 새로운 전구(이전 전구와 동일한 전압이어야 해.)를 집어서 시계 방향으로 돌리며 전구를 끼워. 이제 두꺼비집을 다시 올리고, 전구가 잘 작동하는 지 확인해 봐.

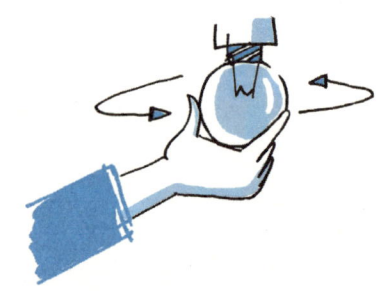

7. 다 쓴 전구는 안전한 방식으로 없애야 해. 전구를 버리기 전에 새 전구 상자에 넣거나, 신문지에 싸면 좋아.

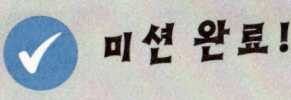 **미션 완료!**

전구 상자 일부를 잘라서 이곳에 붙여 보자.

점수
- 기술 지식 +1
- 집에서 살아남기 +2
- 위험에 대처하는 능력 +2

점수를 얻기 위해 도전할 횟수

미션 16

연설을 해라

정치가, 배우, 음악가, 교사, 종교계 리더……. 이 사람들은 모두 대중에게 말하는 것을 특히 잘해야 해. 하지만 다른 어른들도 많은 사람 앞에서 연설할 기회가 언젠가는 생겨. 그래서 연설하는 방법을 터득해 놓으면 좋지.

이를 위해서는 세 가지가 필요해. 우선, 가장 관심 있는 주제를 생각해 봐. 예를 들면, 검은 코뿔소 보호의 중요성, 셜록홈즈, 학교에서 가장 나쁜 세 가지 등 어떤 것이든지 좋아. 다음 순서로는 많은 사람이 있어야 해. 친한 친구들은 어떨까? 크리스마스 저녁 식사를 함께 하는 가족? 이제 마지막으로, 너에게 필요한 것은 엄청난 용기인데, 네가 보통 사람이라면 맨 처음에는 약간 긴장이 될 거야. 아니면 엄청 긴장될 수도 있고. 손에 땀이 날 거고, 심장이 더욱 강하게 뛸 거야. 말을 더듬기 시작할 수도 있어. 하지만 이 모든 것은 정상이야. 바로 이것이 네가 이 미션을 해야만 하는 이유이지.

연설에 도움이 될 만한 몇 가지

1. 연설문을 써 봐. 앞부분에는 인사와 주제에 대한 소개를 해. 즉, "안녕하세요, 여러분. 오늘 아침에 저는 여러분께 세상에서 가장 좋은 음식인 피자가 어떻게 탄생했는지 말씀 드리고자 합니다." 시작할 때 사람들을 웃기면, 나머지는 쉬워져. 바로 이 시점에 피자가 왜 그리도 맛있는지 그리고 피자의 역사를 열거하면 돼. 이것이 너의 '논법'이야. 마지막에는 네가 말한 모든 것을 단 한 문장으로 요약하고, 시간을 할애한 대중에게 감사를 표하고, 다음과 같이 재치 있게 마무리해. "이제 제 연설을 듣기 위해 이곳에 있지 않으셔도 됩니다. 맛있는 피자를 먹으러 갑시다!"
2. 적은 것을 읽으며, 시간을 재 봐. 만일 연설이 10분을 넘으면 줄이도록 해. 그렇지 않으면 모든 사람을 지겹게 만들 위험이 있지.
3. 거울 앞에서 최소한 열 번 정도 연설하는 연습을 해 봐. 처음에는 네가 준비한 메모를 읽어도 괜찮아. 하지만 가끔은 대중을 향해 시선을 던져야 한다는 것을 명심해. (연습할 때에는 거울에 반사된 네 모습이 보이겠지.) 시간이 조금 지나면 더 이상 읽지 않아도 되겠다는 생각을 하게 될 거야. 그리고 메모는 단순한 참고용으로 사용할 수 있을 거야. 자연스럽게 말을 하려고 하고, 너의 말에서 감동을 느끼게 해야 해.
4. 이제 너에게 행운이 있기를.

미션 완료!

너의 연설문 중 가장 마음에 든 문장을 써 봐.

연설문을 여기에 붙여 봐. 일부분만 붙여도 좋아.

점수
- 열악한 환경에서 살아남기 +1
- 사람들과 접촉하기 +2
- 새로운 것을 만들고 즐기기 +2
- 위험에 대처하는 능력 +1

점수를 얻기 위해 도전할 횟수

미션 17

웹 페이지 만들기

인터넷 사이트를 만들어야 한다면 어떤 주제로 만들어야 할까? 벵갈 호랑이? 네가 좋아하는 영화? 집 앞에 사는 곤충들? 동생이 레고로 만든 기묘한 구조물? 일단 해 봐. 네가 생각했던 것보다 훨씬 쉬울 거야.

1. 사이트의 주제를 선택하고 어울릴 만한 이름을 정해. 예를 들면, '혐오스러운 곤충들'이나 '스타워즈에 관한 모든 것', '내 여동생이 레고로 만든 기묘한 탑 같이 생긴 어떤 구조물(글쎄, 이건 제목이 좀 긴 것 같지만.)'

2. 네 마음에 드는 여러 사이트를 잘 관찰해 봐. 색깔, 글씨체, 메뉴 위치, 사진들 등을 보면서 너의 사이트는 어떻게 만들고 싶은지 상상해 봐.

3. 종이에 사이트를 디자인해 봐. 갖춰야 하는 대략적인 모양을 상상해서 스케치를 해 보는 것으로 충분해.

4. 인터넷에 연결한 다음, 웹 페이지를 만들 수 있는 윅스닷컴(wix.com) 혹은 위블리닷컴(weebly.com)과 같은 무료 서비스를 찾아봐. 이러한 서비스를 사용하기 위해서는 '미션 3'에서 만들어 놓은 이메일 주소로 등록을 하면 돼.

5. 웹 페이지는 네가 준비한 주제와 가장 비슷해 보이는 스케치를 선택하거나, 혹은 스케치를 봤을 때 가장 와닿는 것을 선택해. 스케치는 주로 사용하는 대표 색깔과 메뉴의 위치, 글씨체 그리고 사이트의 전반적인 형태로 구성돼.

6. 텍스트 박스, 이미지, 버튼 등 필요한 모든 요소를 첨부해.

7. 내용의 구조를 채워. 텍스트를 적고 사진을 선택하고 메뉴의 여러 항목에 이름을 넣어. 환상적인 사이트가 만들어지는 과정을 즐겨 봐. 하지만 일단 사이트를 공개하고 나면 모든 사람이 들어와 볼 수 있다는 점을 명심해!

8. 작업을 끝낸 후, 웹 사이트를 공개하고 그 주소를 친구 요원들에게 보내. 그러면 그들이 너의 사이트에 대해 평가를 해 줄 거야. 이런식으로 너는 업데이트를 할 수 있어.

미션 완료!

네가 만든 웹사이트 주소를 적어 봐.

사이트를 만들 때 너에게 선택 받지 못한 주제들을 여기에 써 봐.

점수	점수를 얻기 위해 도전할 횟수
• 기술 지식 +2 • 새로운 것을 만들고 즐기기 +2	

미션 18

손발톱을 전부 깎을 것

너는 아직도 부모님께 손발톱을 깎아 달라고 하니? 그럼 안 돼. 비밀 요원은 자립적이어야 하니까. 이제 배워야 할 때가 왔어. 평범한 손톱깎이 한 개 그리고 조금 더 큰 손톱깎이 한 개를 준비해. 그리고 마음을 단단히 먹어.

1. 두 발을 미지근한 물에 3분에서 5분 정도 담가. 이렇게 하면 발톱이 더욱 부드러워져서 깎기가 쉬워. 발을 물에 충분히 담근 다음에는 발을 잘 말려.
2. 그다음에는 혼자서도 청소할 수 있고 아무런 방해를 받지 않는 조용

한 장소를 선택해.
3. 하나씩 하나씩 조심스럽게 깎기를 시작해. 너무 안쪽으로 자르면 안 돼. 발톱의 시작 부분에 있는 하얀 부분의 일부분만 잘라야 해. 비뚤어지지 않게 해야 하고, 발톱의 양 부분을 둥근 모양으로 깎아야만 해.
4. 손톱 깎는 일을 끝내고 난 후에는 구석을 매끄럽게 해 주는 손톱 줄을 사용할 수 있겠지만, 반드시 필요한 것은 아니야. 사실 나는 이 작업은 전혀 하지 않아.

 미션 완료!

접착테이프로 손톱 몇 조각을 붙여 보자. 조금 혐오스럽지만 증거물로서는 최고지.

점수
- 기술 지식 +2
- 집에서 살아남기 +1
- 위험에 대처하는 능력 +2
- 사람들 보살피기 +1

점수를 얻기 위해 도전할 횟수

미션 19

길거리 공연

돈을 좀 모을 수 있는 기회가 또 생겼네. 혹시 악기를 연주할 줄 아니? 노래할 줄 알아? 꼭두각시 공연을 할 줄 아니? 몇 가지 마술을 안다거나, 스케이트보드를 타고 멋있는 점프를 할 줄 알아? 너의 재능이 무엇이든지, 그 재능으로 길거리 공연을 시도해 보렴. 하지만 우선 연습을 해야 하는데, 적어도 스무 번에서 서른 번 정도 연습을 해야 할 거야. 그렇지 않으면 어떻게 훌륭한 공연을 만들어 내고, 어떻게 돈을 벌 수 있겠니? 무대에서의 두려움을 극복하는 방법이 있어. '미션 16'을 완수하면 돼. 물론 너의 비밀 요원에게도 도움을 청하고 말이야.

준비가 다 되었으면 공연하기 적당하고 조용한 장소를 찾아. 큰길의

모퉁이라든가 광장, 사람이 많은 공원처럼 사람들이 지나다니면서 널 볼 확률이 많은 곳이어야 해. 이제 필요한 준비물을 챙겨. 예를 들면, 돈을 모으기 위한 모자, 네 이름을 적은 작은 카드 등을 가지고 조그마한 무대를 준비하는 거야.

너는 화려한 색상의 옷을 입을 수도 있어. 옷이 중요하고말고!

　이제는 사람들의 주목을 끌어야 해. 만일 네가 악기를 가지고 있다면, 악기의 음정을 맞추거나, 몇몇 음을 연주할 수 있어. 지나가는 사람들과 말하면서 이제 연주를 시작할 거라고 알려 줘. 사람들이 가까이 다가오게 해. 최대한 친근하게 그리고 미소를 지으며, 많은 기대감을 갖게 해. '세상에서 가장 훌륭한 공연'이 시작될 것이라는 확신이 들게 해.

　일단 사람이 좀 모여서 작게나마 그룹이 만들어지면, 그다음부터는 사람들 모이는 건 쉬워져. 구경꾼들이 상당히 많이 모이면, 공연을 시작해. 그 순간을 즐겨! 그리고 꼭 기억할 것은 "원하는 분은 모자에 돈을 넣을 수 있어요" 하고 말해야 한다는 거야. 마지막 노래 혹은 마지막 마술을 하기 전에. 즉, 모든 사람이 어디론가 사라지기 전에 말해야 해. 농담처럼 가볍게 말하는 게 좋을 거야. 예를 들면, "나를 달까지 싣고 갈 로켓을 만들기 위해 저금을 하고 있는

중이에요." 이런 식으로 귀엽게 해야 해. 넌 아직 어리니까 귀여워 보이게 하는 건 누워서 떡 먹기야. 너의 장점을 최대한 활용해!

✅ **미션 완료!**

공연 제목 ....

날짜, 장소 (그리고 도움을 준 사람) ....
....

제일 인기 있었던 부분 ....

모금한 돈 ....

창피한 상황이 있었나? ....

점수
- 사람들과의 접촉하기 +2
- 새로운 것을 만들고 즐기기 +3
- 열악한 환경에서 살아남기 +1

점수를 얻기 위해 도전할 횟수

미션 20

식당 예약

난 정말 어른들이 택시, 호텔, 항공기, 연주회, 공연, 영화 좌석 예약하기를 왜 그리도 좋아하는지 이해하지 못하겠어. 그 이유를 알아 봐.

미션을 완수하기 위한 가장 좋은 방법은 너와 가족이 이미 가기로 계획한 식당을 예약하는 거야. 부모님 대신에 네가 예약을 해 봐. 혹은 오로지 미션 수행만을 위해 스파이나 친구 요원과 식당을 예약해 봐. 진짜 가지도 않을 건데 어떻게

예약하냐고? 걱정마. 다시 취소하면 돼.

 우선 식당에 전화로 예약한 다음, 예약을 취소하기 위해 나중에 다시 전화를 해. 식당을 정하고, 번호를 찾고 (인터넷에서), 문 여는 시간을 알아보고, 하루 전날 전화를 해. 식당 측에서 전화를 받으면, 인사를 하고 사람 수 만큼의 충분한 테이블이 있는지 물어봐. 그리고 네가 만족한다는 것을 보여 줘. 웨이터가 틀림없이 이름 그리고 휴대 전화 번호를 물어볼 거야.(번호를 까먹을 수 있으니까 미리 적어 놔.) 사실 그 식당에 갈 계획이 없으면, 바로 몇 분 후에 다시 전화를 해. 그리고 상하이에서 중요한 비즈니스가 생겨 예약을 취소해야 한다고, 미안하다고 말해.

 **미션 완료!**

예약한 곳에서 정말로 식사를 했다면 영수증, 식당 명함 혹은 냅킨 조각을 이곳에 붙여 봐. 그렇지 않다면, 예약 전화를 했던 식당 이름과 전화번호만 적어.

점수	점수를 얻기 위해 도전할 횟수
• 열악한 환경에서 살아남기 +2 • 사람들과 접촉하기 +1 • 기술 지식 +1	

미션 21

집 청소

집 청소를 한다는 것은 매우 힘든 일이야. 하지만 네 흔적을 지워야 할 경우를 대비해서 미리 배워 두는 게 좋을 거야. 단 한 번에 온 집 안을 다 청소할 필요는 없어. 왜냐하면 '몰래' 해야 하기 때문이지. 어디서부터 청소를 시작해야 할지 모른다면, 우선 부모님을 살펴봐. 그리고 무엇을 어떻게 하는지 보렴. 그다음에 일을 시작 해.

1. 방 청소를 할 때는 시작하기 전에 바닥이나 표면에서 깨질 수 있거나 청소에 방해될 물건들을 미리 옮겨 놔.
2. 진공청소기로 바닥을 청소해. 이것은 쉬운 일이야. 플러그에 전원을

연결하고 스위치를 켠 다음 먼지들을 빨아들이기 시작하면 돼. 너는 청소하기 어려운 구석이나 좁은 틈 사이 먼지를 없애려고 여러 보조 장치들을 시도해 볼 수 있어. 집에 진공청소기가 없다면 빗자루를 사용하면 돼.

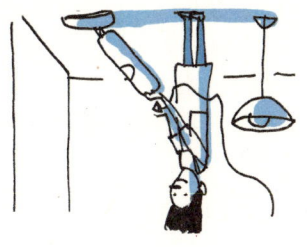

3. 부드러운 걸레와 스프레이로 탁자들과 표면들을 청소해.
4. 부엌을 청소할 때는 장갑을 끼고, 젖은 스펀지를 잡고, 그 위에 다용도 세척제를 몇 방울 떨어뜨리고 청소를 해. 그다음에 스펀지를 헹구고 거품을 제거하기 위해 다시 한 번 닦아.
5. 바닥을 잘 닦아야 해. 바닥을 잘 닦는 가장 쉬운 방법은 걸레와 약간의 세척제(보통은 뚜껑 하나 정도의 양이면 충분해.)가 들어있는 물 한 바가지를 사용하는 거야. 나무로 된 바닥을 청소하기 위해서는 특수한 세척제가 필요해. 잘 되는지 확인해 봐.
6. 이제 화장실 바닥을 청소할 차례야.(오, 그래 드디어 올 게 왔지?) 욕조 혹은 샤워기, 세면대 청소에는 젖은 스펀지와 다용도 세척제를 사용해. 변기 청소를 할 때는 반드시 스펀지를 다른 것으로 사용해야 해. 그렇지 않으면……. 속이 울렁거려서 더 말하지 못하겠어. 이해하지? 아참, 혹시라도 남아있는 밤색 얼룩들은 걸레로 제거할 수 있어. 메스껍다고? 진정한 비밀 요원은 무엇이든지 어떤 상황이든지 훌륭하게 대처할 수 있어!
7. 거울 청소에는 특수 세척제가 있어. 하지만 신문지를 둥글게 꾸겨서 축축하게 만들어 닦아도 아주 잘 닦여.

미션 완료!

여기에 청소하면서 나온 더러운 것 일부분을 붙이거나 발라 봐. 되도록이면 냄새 나지 않는 것으로!

점수	점수를 얻기 위해 도전할 횟수
• 기술 지식 +2 • 사람들 보살피기 +1 • 참을성, 인내심, 절대로 포기하지 않기 +1	7

미션 22

여행 가방을 챙겨라

너는 이미 '미션 10'을 완수했겠지. 그럼 여행을 떠날 날짜는 정해 봤니? 너는 여행을 갈 기회가 오면 확실하게 준비하고 싶을 거야. 그렇다면 가장 어려운 일이 여행 가방 챙기기라는 것을 알아야 해. 여행을 가고 안 가고는 중요하지 않아. 여행을 곧 간다고 상상하고 여행 가방을 챙겨 봐. 며칠 동안 가방 안에 넣을 물건만 생각해.

우선 필요한 목록을 전부 적어 봐. 다음 네 가지 상황에 따라 목록이 정해질 거야. 어디에 갈 것인지, 무엇을 할 것인지, 얼마 동안 여행할 것인지, 날씨가 어떨 것인지. 왜 날씨냐고? 물론 중요하지. 여행 가방에 반바지를 가득 넣고 떠났는데, 날씨가 너무 춥다면? 이러한 나쁜 상황을 피하기 위해 인터넷으로 여행지와 날씨를 알아봐. 또 그곳에서 무엇을 할지 정하는 것도 매우 중요해. 만일 여행 중에 결혼식이나 공식적인 행사에 참석할 일이 있다면 우아한 옷과 구두(이것에 관해서는 '미션 32'에서 말할게.)도 필요하거든.

권고 사항 몇 가지

- 여행 가방 안에 다 넣으려 하지 말 것 – 여행에 필요한 것들만 제대로 챙겨.
- 하루에 한 켤레의 양말과(따뜻한 장소에 간다고 할지라도) 속옷을 계산해야 해. 최대한 여섯 혹은 일곱 켤레 정도. 그 보다 더 오랫동안 머물게 되면, 입고 신었던 것은 네가 빨아야만 해.
- 잠옷, 칫솔, 치약, 비누, 손톱깎이 등이 들어 있는 작은 봉투도 반드시 챙겨야 해.
- 일단 가장 중요한 물건들을 챙겼으면, 네가 원하는 모든 것, 예를 들면, 책, 종이, 펜, 연필, 놀이 세트, 만나러 갈 사람에게 줄 선물 그리고 여행하는 동안에 먹을 것과 마실 것 등을 추가해.
- 전기 혹은 전자제품을 가지고 있으면, 배터리 충전기를 가져가는 것을 잊지 마. 다른 나라로 여행을 한다면, 전기 어댑터가 필요하지 않은 지 확인해 봐.

목록을 만들었으면 네가 가져갈 여행 가방을 꺼내 그 안에 물건들을 집어넣어 봐. 다 들어가지 않으면 전부 꺼낸 다음에 다시 넣어 봐. 바지, 와이셔츠와 티셔츠는 반을 접어 둥글게 말아. 그래도 다 들어가지 않으면 목록에서 무언가를 제외하고 다시 해 봐. 이번엔 가장 무거운 것들은 밑에 넣고 제일 작은 물건들은 비닐 봉투에 넣어 봐. 예를 들면,

양말과 속옷은 한 봉투에, 책과 놀이 세트는 다른 봉투에 넣어. 그래. 그렇겠지……. 다 안 들어 갈 거야.

 미션 완료!

어디 갔니? 진짜로 갔니, 상상으로 갔니?

여기에 네가 만든 목록(혹은 목록의 일부)을 붙이고, 여행 가방에 넣지 못한 물건에 동그라미를 쳐 보렴.

점수	점수를 얻기 위해 도전할 횟수
• 열악한 환경에서 살아남기 +1 • 사람들 보살피기 +1	

미션 23

도시 탐험

진짜로, 정말로 탐험을 시작할 시간이야. 존재하는지 조차도 모르는 수많은 장소를 발견하기 위해 네가 사는 도시를 방문해 보는 거지. 너의 스파이에게 함께 하자고 말해. 그리고 티켓 살 돈 챙기는 것도 잊지 말고.

1. 많은 정류장을 지나는 버스 혹은 지하철 노선을 선택해.
2. 버스 혹은 지하철의 종점에서 승차를 해.
3. 버스를 탔다면 매번 정류장 사진을 찍어. 그리고 처음 보는 정류장에 내려서 주변을 걸으며 사진을 찍어. 버스 환승은 무료니까, 알지? 지

하철을 탔고 일일권을 가지고 있다면, 최소한 다섯 개의 지하철역에 내려서 땅위로 올라가 보이는 것의 사진을 찍어.

4. 돌아다니는 동안 네가 본 모든 것과 네가 만난 사람들 혹은 네가 모험하는 동안 생긴 모든 흥미로운 일에 대해 메모를 해.

5. 선로에 발을 헛딛거나 넘어지지 마. 한눈팔면서 길을 건너지 말고, 창문 밖으로 손을 내밀지 마. 네가 비밀 요원이라는 것을 잊지 마! 비밀 요원은 언제나 현명해.

가장 흥미로운 장소와 사물 그리고 사람을 적어 봐.

1.

2.

3.

점수

- 열악한 환경에서 살아남기 +3
- 사람들과 접촉하기 +1
- 위험에 대처하는 능력 +2
- 기술 지식 +1

점수를 얻기 위해 도전할 횟수

미션 24

장보기

이 임무를 끝내기 위해서는 부모님의 동의를 얻어야 해. 이게 가장 어려운 부분인데, 보통은 늘 같이 했던 일을 너 혼자 할 수 있다고 부모님을 설득하는 일이지. 그래서 이제 진짜 첩보 작전을 시작해야 해. 일주일 동안 집에서 구입한 파스타 봉투, 우유병, 스테이크, 감자, 샐러드 다발과 과일의 숫자를 적어 봐. '미션 4'의 물품 목록 조사를 성공적으로 마쳤다면 이 일은 식은 죽 먹기나 마찬가지일거야. 하루에 한 번씩 네가 먹은 것을 조사하고 찬장(식료품 저장고)이 다시 채워졌는지 그리고 어떻게 채워졌는지 살펴봐.

일주일 후에는 무엇이 얼마만큼 부족한지 알게 되니까 눈감고도 장바구니 목록을 채워나갈 수 있을 거야. 바로 이때 너는 부모님께 장을 대신 보러가겠다고 제안할 수 있어. 네가 작성한 목록을 부모님께 보여 드려. 그러면 필요한 물건을 네가 알고 있다는 것을 이해하실 거고, 그러한 점에 대해 매우 놀라실 거야.(충격을 받으시겠지.) 그리고 나서 부모님께 돈을 받고, 도망쳐! 농담이야. 필요한 물건을 구입하러 가. 다른 건 어떤 것도 구입하면 안 돼. 참아야 해. 글쎄, 껌 한 통 정도는 괜찮을 것 같아. 돈을 지불하고 계산서와 잔돈을 확인해. 그리고 봉투들을 집까지 들고 와서 그 물건들을 제자리에 넣어.

 미션 완료!

장본 영수증을 가지고 있으면 이곳에 붙이자. 만일 영수증이 없다면 적었던 목록을 붙이자.

점수
- 열악한 환경에서 살아남기 +1
- 집에서 살아남기 +2
- 사람들 보살피기 +1

점수를 얻기 위해
도전할 횟수

미션 25

자동차 바퀴 갈아 끼우기

자동차 바퀴 갈아 끼우기는 네가 어른이 된 것처럼 느낄 수 있는 최고의 미션이야. 어른들조차도 이 일을 해내면 자신들이 더욱 멋진 어른이 된 것처럼 느끼거든. 너의 더러워진 손과 아픈 무릎을 사람들에게 보여 주면, 어른들은 이 일을 하는 것이 마치 미친 짓인 것처럼 말을 하겠지. 그러다가 우연히 밤이나 빗속에서 자동차 바퀴를 갈아 끼우게 되면 몇 년 동안 떠들어 댈 자랑스러운 이야깃거리가 생기는 거지.

자, 본론으로 들어가자. 이 미션은 초인적인 힘과 엄청난 용기 그리고 일련의 생존 능력이 요구돼. 너에게 눈보라 속에서 자동차 바퀴를 갈아 끼우라고 요구하는 것은 아니니까 걱정 마. 그저 한번 도전해 보라는 거야. 그러면 너는 자동차 바퀴 때문에 생기는 모든 일에 대응할 준비가 될 거야. 하지만, 이 임무는 매우 위험하다는 것을 미리 말해 둘게.

너는 **스파이의 도움과 지도가 필요해.** 그리고 당연히 자동차도 필요하고. 만일 너의 스파이가 자동차를 가지고 있지 않고, 우리가 지금 무슨 이야기를 하는지 이해하지 못하면, 아마도 스파이를 바꿀 시기가 된 것 같아.(적어도 이 임무만이라도 바꿔 봐.)

자동차 바퀴를 갈아 끼우는 방법

1. 자동차가 바퀴를 갈아 끼울 필요가 없다면(겨울용 혹은 여름용을 끼울 필요가 없거나 펑크 난 바퀴가 없다면) 펑크 난 바퀴를 임의로 선택해. 이 미션을 완수하겠다고 멀쩡한 바퀴를 펑크 낼 필요는 없어. 단지 바퀴 하나를 빼냈다가, 다시 제자리에 끼우면 돼.
2. 자동차 사용 지침서를 가져다가 바퀴를 갈아 끼우는 부분을 펼쳐 봐. 헷갈리는 부분이 있다면, 이 책을 따르지 말고 반드시 지침서의 안내를 따라해.
3. 이 미션을 수행하기 위한 적당한 장소를 찾아. 표면이 평평한 곳, 가능하다면 아스팔트가 깔린 곳이어야만 하고, 자동차 주위를 걸어 다닐 수 있는 충분한 공간이 있어야만 해.
4. 네가 있는 장소가 전혀 안전하지 않은 장소이고, 교통 정체가 매우 심한 도로의 가장자리라고 상상해 보자. 이때는 너와 너의 스파이가 작업을 하고 있다는 것을 다른 운전자들에게 알려야 하기 때문에 비상등 네 개를 켜고, 자동차 뒤쪽으로 몇 걸음 거리에 비상 삼각대를 설치해. 혹시 비가 온다고 상상하고 싶으면 스파이와 함께 나쁜 날씨에 대

해 그리고 하필 지금 운 나쁘게 펑크가 났는지에 대해 큰 소리로 불평을 늘어놓기 시작해 봐!

5. 자동차에 필요한 장비들. 나사를 풀 수 있는 스패너, 렌치가 있는지 확인해 봐. 그리고 정말 펑크 난 바퀴를 갈아 끼우는 중이라면, 당연히 새 바퀴도 갖고 있어야 해.

6. 자동차가 움직이지 않도록 벽돌이나 돌 혹은 나무 조각으로 작업중인 바퀴의 대각선 반대 방향에 있는 바퀴를 고정시켜.

7. 이제는 지침서에 있는 지시 사항을 잘 읽어 봐. 이 놀이는 지금부터 어려워져.

8. 휠 커버에서 볼트 덮개를 제거해.

9. 렌치로 볼트를 약간 풀어 줘. 지금 볼트를 약간 풀어 주지 않으면 자동차를 들어 올렸을 때 작업하기가 매우 어려워. 대부분의 어른은 이 작업을 잊곤 해. 이 원인 때문에 나중에 화를 내기 시작하고, 심히 나쁜 말들을 내뱉기 시작해. 볼트를 풀

려면 초인적인 힘이 필요해. 그러니까 힘내! 만일 볼트들이 움직이지 않으면, 시계 반대 방향으로 돌리고 있는지 확인해 봐! 그래도 여전히 볼트들이 꼼짝하지 않으면, 스패너의 맨 끝부분을 잡고 돌려보거나 그 위로 점프를 해. 아니면 볼트가 풀어지라고 기도를 해. 그리고 나서, 네가 거의 죽을 지경에 이르게 되면, 너의 스파이에게 도움을 청해.

10. 잭(자동차를 들어올리는 기중기)을 판 밑에 위치시켜.(지침서를 자세히 보면 그 판을 찾을 수 있어.) 잭이 제대로 놓였는지 확인하고, 판에 제대로 위치할 때까지 잭을 움직여 봐. 그다음에는 바꿔 끼워야 하는 바퀴가 더 이상 땅에 닿지 않을 때까지 자동차를 들어올리기 위해 천천히, 천천히 계속 돌려.

11. 거의 다 됐어! 볼트를 제거하고 바퀴를 빼내. 이 작업을 할 때 손과 옷이 더러워질 수 있고, 바퀴가 땅에서 튀어오를 수도 있어. 바퀴가 없는 부분이 잘 보일거야. 만약 '인증샷'을 찍고 싶다면, 바로 지금이야! 하지만 지금은 교통 정체 중이라는 것을 명심해. 비까지 오고. 그러니까 빨리 찍어!

12. 바퀴(혹은 새 바퀴)를 제자리에 다시 끼우고, 볼트를 잘 조여.

13. 최대한 천천히 잭과 자동차를 내려놔.

14. 이제 볼트를 풀었을 때와 같은 초인적인 힘으로 볼트를 조여. 정말로, 누가 뭐래도 **확실하게 잘 조여야 해.** 그렇지 않으면 바퀴가 자동차에서 떨어져 나갈 거야!

15. 볼트 덮개를 제자리에 다시 설치하고, 모든 공구를 상자에 넣고, 자리에 앉아서 비상등을 꺼! 이제 다시 출발할 준비가 된 거야!

마지막으로 한 가지: 지금 너는 운전을 할 것이라고 기대하고 있겠지. 하지만 그럴 수는 없어. 그것은 법을 완전히 어기는 것이니까. 운전을 하려면 몇 년 더 기다려야 해.

　사실 나의 의도는 너의 스파이가 너에게 자동차의 모든 작동 원리에 대해 설명하게 만드는 거야. 운전대, 페달, 기어, 방향지시등, 거울 등.

미션 완료!

기술 지식 (그 외에 다른 지식들도):

자동차 모델:

타이어 상표:

바퀴를 갈아 끼운 장소:

기름이 묻은 너의 손가락 지문을 여기에 남겨 봐!

점수
- 기술 지식 +3
- 위험에 대처하는 능력 +3
- 열악한 환경에서 살아남기 +1

점수를 얻기 위해
도전할 횟수

미션 26

사업가

상업 활동을 한다는 것이 반드시 공장이나 상점을 내서 시작해야 한다는 것을 의미하지는 않아. 다른 사람들에게 그들이 필요로 하는 것을 제공하고, 그들은 제공받은 것에 대해 너에게 지불하면 충분해.

처음에는 약간의 돈이 필요하다는 것을 고려해야 해. 하지만 무엇보다 좋은 아이디어가 필요해. 가능하다면 다른 사람들이나 여러 친구 요원을 포함시켜. 상업 활동을 시작하는 것은 매우 쉽고, 여럿이서 하면 더 재미있어. 무엇을 제공할 것인지 결정해. 네가 잘 만드는 것(케이크, 목걸이, 티셔츠용 프린트 등)이나, 네가 하고자 하는 서비스(세차, 외국어 교육, 강아지 산책시키기, 마술 공연하기 등)일 수 있겠지.

사업의 이름을 만들고, 로고를 기획해. 로고가 뭔지 모른다고? 그럼 찾아봐! 이제 판매할 물건을 시험적으로 조금 만들어 보거나, 제공하는 서비스의 특징에 대해 세심하게 생각해 봐. 그리고 그것에 대해 비판적으로 평가해 봐. 예를 들면, 케이크가 정말로 맛있나? 자동차가 정말로 깨끗해졌나? 등. 그리고 그 상품을 한번 판매해 봐. 이 일이 가장 어려운 부분이야. 왜냐하면 너의 상품을 보고 누군가가 돈을 지불할 정도로 확신을 가져야 하기 때문이지. 이를 위한 여러 가지 방법이 있어. 예를 들면, '미션 9'에서처럼 길모퉁이에 서 있을 수도 있고, 다른 집의 대문을 두드릴 수도 있고, 전단지를 나눠줄 수도 있고, 학교에서 네 친구들 혹은 그들의 부모님과 네 사업에 대해 이야기를 나눌 수도 있고, 네가 살고 있는 동네의 가로등에 광고지를 붙이거나 우체통에 넣을 수도 있어. 그리고 인터넷 사이트에 네 사업에 대해 광고를 할 수도 있어.

대부분 너의 상품을 거절할 거야. 하지만 용기를 잃지 마! 네 목표는 최소한 본전을 찾는 것, 즉, 네가 사용한 돈만큼 버는 거니까.

미션 완료!

사업 이름:
로고:

제품 혹은 서비스에 대한 설명:

수익 금액(혹은 손해 금액):

점수

- 열악한 환경에서 살아남기 +2
- 참을성, 인내심,
  절대로 포기하지 않기 +3
- 새롭게 만들고 즐기기 +2
- 다른 사람들과 접촉하기 +1

점수를 얻기 위해 도전할 횟수

이번 임무는 횟수가 의미 없어. 누군가가 네게 돈을 지불할 마음이 생기도록 상품 혹은 서비스를 만드는 데 들어간 너의 노력만 있으면 돼.

미션 27

세탁기 사용법을 정복해라

아주 어렸을 때에 세탁기는 굉음을 내며 엄청난 속도로 옷들을 회전시키는, 단지 금속으로 만들어진 하찮은 물건이었을 거야. 하지만 한해, 두 해 지나면서 세탁기는 때, 땀, 핏자국, 너의 새롭고 비밀스러운 모험의 자취를 없애기 위해 꼭 사용해야 하는 기계가 되었지. 이젠 세탁기를 사용할 수 있어야 해. 당장 시작해 보자!

1. 옷들을 구분해. 이 작업은 매우 중요해. 더럽거나 냄새 나는 옷 무더기를 가져다가 밝은 색과 어두운 색 옷으로 분리해. 만약 전부 함께 세탁하면 어두운 색의 옷들이 밝은 색 옷들을 오염시키고, 탈색이 될 위

험이 있어. 밝은 색깔은 흰색, 베이지색, 푸른색, 연한 녹색, 노란색 그리고 연한 분홍색이야. 그 나머지 색깔의 옷들, 특히 빨강색과 진한 분홍색은 다른 묶음으로 분리하면 돼. 그리고 테디 베어처럼 옷 입은 너의 모습을 보고 싶지 않거든 울 스웨터를 세탁기에 넣지마. 줄어들거든!
네가 입는 옷의 소재나 성질을 알고 싶다면, 옷 안에 붙어있는 스티커를 자세히 살펴보면 돼. 처음 보면 마치 상형문자처럼 보이는 기호들을 만나게 될 거야. 하지만 아래에 설명된 지침들을 보면 쉽게 해석할 수 있을 거야.

- 물 온도 30℃로 세탁
- 세탁기로 약하게 세탁
- 약하게 손세탁 가능
- 중성세제 사용

- 물 온도 30℃로 세탁
- 세탁기 사용불가
- 약하게 손세탁 가능
- 중성세제 사용

- 물세탁 안 됨

- 산소, 염소계 표백제로 표백

- 산소, 염소계 표백제로 표백할 수 없음

- 햇빛에 건조
- 옷걸이에 걸어서 건조

- 그늘에 건조
- 옷걸이네 걸어서 건조

- 그늘에 건조
- 바닥에 뉘어서 건조

- 세탁 후 건조할 때 기계 건조 할 수 있음

- 손으로 약하게 짬
- 손으로 짜면 안 됨

2. 세탁기의 문을 열고, 옷들을 그 안에 넣어. 너무 가득 채우지는 마. 최소한 4분의 1정도의 공간은 비어있어야 해. 그다음에 문을 잘 닫아.('딸각' 하는 소리가 나야만 해.)

3. 세제와 유연제를 넣는 작은 통을 열고, 이를 각각 정해진 통에 부어. 일반적으로 뚜껑 하나 정도의 양이면 충분해.

4. 세탁기를 작동시키기 위해서는 스위치를 누르거나 필요한 손잡이를 돌려. 세탁기마다 달라. 엄마나 아빠가 하는 것을 잘 보거나, 사용지침서를 잘 읽어 보거나, 네 스파이에게 물어보면 돼. 눌러야 하는 스위

치는 대부분 세 개야. 스위치 중 하나는 온도를 입력하는 거야. '차가운 온도'이거나, 30도에서 90도까지 도달할 수도 있어. 일단 30도 정도의 온도를 선택해. 그러면 실수할 염려가 적어져. 옷들은 높은 온도에서 더 쉽게 색이 바래. 두 번째 스위치는 프로그램에 관한 거야. 엄마나 아빠가 선호하는 프로그램을 알아내기 위해서는 부모님이 어떻게 하는지 몰래 관찰해. 잘 모르겠으면, '표준'이라고 적힌 프로그램을 선택해. 마지막으로 '동작(시작)' 스위치를 눌러.

5. 이제, 세탁기가 작동할 거야. 그러면 너는 한 두 시간 정도 쉴 수 있어. 모든 동작이 끝나기 전에 **세탁기 문을 열어서는 안 돼.** 문을 열면 바닥이 물에 잠기게 될 거야! 세탁기가 완전히 멈췄을 때에만 문을 열어야 해.

6. 이제 옷들을 꺼내 말리자. 빨랫줄이나 빨래건조대가 있으면 옷들을 빨래집게로 걸어 놔.

미션 완료!

세탁한 옷의 상표를 이곳에 붙여 봐.

점수	점수를 얻기 위해 도전할 횟수
• 집에서 살아남기 +2 • 기술 지식 +1	

미션 28

액자 걸기

망치는 위험해. 못도 위험하고. 그러니까 이 두 가지를 동시에 사용한다는 것은 매우 위험한 작업이야! 하지만 조심하면 아무 손가락도 다치지 않고 해낼 수 있어. 우선, 못으로 벽에 걸 소묘 작품이나 사진 혹은 그림을 준비해.

1. 어디에 그림을 걸 것인지 결정해. 네 방에 걸 것이 아니라면, 너의 스파이에게 허락을 구해.(부모님께 허락을 구하면, '망치를 사용할 수 없다, 네가 다칠 것이다, 여기저기 다 그림을 걸 수 없다.'고 말씀하실 거야.) 그럴 때는 고집을 부려야 해. 네가 못을 박을 때 그림을 잡아주

는 사람이 필요하니까. 결심했니? 좋아, 연필로 못을 박을 자리를 표시해.

2. 이젠 눈높이에서 연필로 표시를 할 수 있게 등받이가 없는 의자 혹은 튼튼한 사다리 위에 올라가. 표시는 네 정면이 아니라, 오른쪽 혹은 왼쪽 어깨(망치질을 한 손에 따라서) 높이에서 해야 해.

3. 3센티미터 혹은 4센티미터 길이의 못을 집은 다음, 못 끝을 약간 위쪽으로 기울여 벽에 갖다 대. 손가락으로 못대가리에서 멀리 있는 못 끝 부분을 잡아.

4. 망치로 조준을 잘해서 못대가리를 매우 조심스럽게 두드리기 시작해. 못대가리의 측면 부분이 아니라 중심부를 두드리려고 해야 해.

5. 못을 조금씩 똑바로 세워야 해. 이제 좀 더 세게 두드리기 시작하고, 벽에 잘 박을 수 있을 거야.

6. 일단 못이 제대로 박혔으면, 손가락을 떼고 망치질을 계속 할 수 있어. 못 전체를 벽면에 박으면 안 돼. 그림을 걸만한 약간의 공간을 남겨 둬야해!

미션 완료!

벽에 건 그림이나 사진을 보고 따라 그려 보렴.

점수
- 기술 지식 +2
- 위험에 대처하는 능력 +2
- 집에서 살아남기 +1

점수를 얻기 위해
도전할 횟수

 ~

미션 29

불을 사용하지 않고 요리할 것

요리하는 방법을 아는 것은 생존하는 데 매우 유용해. 요리를 정말로 잘 하기 위해서는 상당한 시간이 요구 돼. 하지만 불을 사용하지 않아도 된다면 간단한 음식을 준비하는 것은 그리 어렵지 않아. 너는 분명 익힐 필요가 없는 음식을 엄청나게 먹어 왔어. 예를 들면, 아침 식사 때의 시리얼이라든가, 딸기 혹은 체리(물론 먹기 전에 씻어서)가 있지. 이제 조금 더 어려운 것을 시도해 보자. 그래, 이제 너는 이 요리를 전부 배워야 해.

• **과일 껍질 벗기기**: 바나나와 귤은 쉬워. 하지만 오렌지, 배, 사과는? 우

선 네 부모님이 어떻게 하는지 관찰한 다음 부모님 혹은 네 스파이의 감독 하에 연습을 해 봐. 그렇게 하면 칼을 사용하는 것도 배우게 될 거야.

• **호두까기**: 물론, 호두까기 도구를 사용해야지. 손가락을 조심해!

• **샐러드 준비하기**: 샐러드를 준비하기 위해서는 상추, 당근, 토마토, 양파, 셀러리 같은 야채와 아보카도 등을 씻고 잘라야

해. 너의 부모님이 샐러드를 만드는 동안 자세히 살펴보고, 네가 직접 해 봐. 더 맛있는 샐러드를 만들기 위해서는 먼저 소금, 그다음에 식초, 마지막에 올리브유를 넣어. 올리브 열매, 호두, 사과, 딸기, 건포도, 약간의 치즈, 다양한 씨앗도 넣을 수 있어. 시도해 봐! 이 모든 것을 섞어서 먹어 보렴. 어때? 생각보다 맛있지? 그렇다면 또 한 그릇을 만들어 봐!

• **빵과 햄, 치즈가 들어 있는 샌드위치 만들기**: 물론 더 많은 재료가 들어가야지. 즉, 양상추 잎사귀 한 장, 토마토 혹은 아보카도나 오이 한 조각, 또……. 어쨌든 이해했지? 네가 원하는 것을 다 넣으면 돼.

일이 끝난 후에는 쓰레기를 버리고 접시와 포크, 수저, 나이프, 그릇을 설거지해. 설거지하는 것을 아직 배우지 않았다면, 지금이 바로 그 기회야.

미션 완료!

네가 만든 커다란 샌드위치나 샐러드 재료 목록을 이곳에 적어 보자.

점수
- 집에서 살아남기 +2
- 새로운 것을 만들고 즐기기 +2
- 위험에 대처하는 능력 +1
- 사람들 보살피기 +2
- 기술 지식 +1

점수를 얻기 위해 도전할 횟수

미션 30

불을 사용해서 요리할 것

이번 미션은 어려울 뿐만 아니라, 이전 미션보다 더 위험해! 어떠한 방식으로 요리를 하든지, 화상의 위험이 있는 불을 사용해 요리를 해야만 하니깐. 매우 조심해야 해. 그리고 여기서 알려 주는 요리법이 아무리 쉽고 만만해 보인다 해도 항상 **스파이의 감독하에서 일을 해야 해.**

- 구울 빵을 토스터에 넣어. 틀림없이 이미 했을 거야. 그다음에는 빵에 버터를 발라서 녹도록 놔둬. 맛있네!
- 수프 혹은 우유를 전자레인지에 데워. 1분이면 충분해.

- 물이 가득한 작은 냄비에 달걀을 삶아 봐. 하지만, 제일 먼저 가스 혹은 전기레인지를 켜는 것을 배워야만 해. 스파이에게 어떻게 하는 건지 설명해 달라고 해. 물이 끓으면 수저로 달걀을 매우 천천히 끓는 물에 넣고 반숙을 원하면(제임스 본드가 하는 것처럼) 3분 33초를, 완숙을 원하면 7분을 기다려. 반숙 달걀은 수저로 깨서 길쭉한 빵 조각이랑 먹어. 완숙 달걀은 껍질을 벗기기전에 찬물에 넣어야 해.

- 냄비에 물을 넣고 티스푼으로 한 수저 반의 소금을 넣어. 그리고 불을 켜. 물이 끓으면, 파스타를 넣어.(1인당 100그램을 계산해.) 몇 분을 삶아야 하는지는 봉투에 표시되어 있어. 잘 익었는지 맛을 볼 때는 뜨거우니까 잘 불어야 해. 이제 채반을 사용해 냄비의 물을 빼고 커다란 그릇에 옮겨 소스를 첨가해.

- 소스가 어디 있냐고? 아, 그렇지! 토마토소스를 만드는 방법은 다음과 같아. 냄비에 약간의 올리브유와 마늘 한 조각을 넣고, 약간 볶은 다음에 토마토퓌레나 반을 자른 신선한 방울토마토, 약간의 소금, 바질 잎 한 장을 넣고, 나무주걱으로 저으며 15분간 익혀. 맛있니? 아니라고? 괜찮아. 다시 만들어 봐!

- 이제는 피자를 만들어 봐. 오븐을 최대한 250도로 맞춰. 이미 준비되어 있는 반죽을 구입해 오븐용 큰 접시에 펼쳐 놔. 토마토퓌레, 모차렐라치즈, 기호에 따른 여러 재료(버섯, 햄, 올리브 등)를 첨가  해. 치즈 색깔이 진해지기 시작하고 껍질이 바삭바삭해질 때까지 익혀. 그다음에 주방용 장갑을 이용해 큰 접시를 꺼내! 잠깐, 오븐이 없다고? 그럼 피자를 만드는 수고는 하지 않아도 돼.

미션 완료!

붓이나 연필로 네가 만든 가장 복잡했던 요리를 그려 보렴.

점수
- 집에서 살아남기 +3
- 새로운 것을 만들고 즐기기 +2
- 위험에 대처하는 능력 +2
- 사람들 보살피기 +3
- 기술 지식 +2

점수를 얻기 위해 도전할 횟수

~

각각의 요리에 도전하는 횟수

할아버지, 할머니 이야기

나이가 드신 분들은 긴 모험 같은 인생을 살아오셨어. 그리고 그분들은 대게 인생에 관해 이야기하는 것을 굉장히 좋아하셔. 너같은 비밀 요원에게 이것은 황금 같은 기회지.

들을 줄 아는 것은 비밀 요원이 갖춰야 할 기본적인 능력이야. 그리고 타인의 삶을 아는 것은 너에게 언제나 유용할 거야. 할아버지 혹은 50세 이상의 어른 중에 너를 돕고자 하는 마음을 지닌 누군가를 선택해. 그들에게 말할 때는 당연히 '학교 숙제'라고 말하는 거야. 네가 선택한 분에게 가서 그 분의 삶에 관한 이야기를 써야 한다고 말을 해.

질문을 잘 해야 하고, 메모도 잘해야 해. 너는 아주 많은 것을 질문할 수 있어.
- 고향이 어디인지
- 어느 학교를 다녔는지
- 젊었을 때 세상은 어땠는지
- 어떤 사람이 되려고 꿈꿨는지
- 직업이 무엇이었는지
- 어디서 살았는지
- 가장 친했던 친구들은 누구인지
- 여가 시간에는 무엇을 했는지
- 극복해야 했던 가장 큰 문제
- 가장 아름다웠던 순간은 등,

네가 알고 싶은 모든 것을 질문할 수 있어.

한번 이야기를 시작하면 이야기하는 것을 멈추지 않을 가능성이 있어. 아마도 그때가 이번 미션의 가장 큰 위기일 거야. 매번 만날 때마다 정확한 시간을 정해. 그다음에 집에 가서 이야기를 쓰기 전, 침착하게 네가 적은 메모를 다시 봐.

기억하지 못하거나 이해하지 못하는 내용이 있으면, 두 번, 세 번 물어봐서 모든 것을 너에게 들려줄 수 있게 해. 이야기를 다 적은 후에는 원한다면, 그 이야기를 그분에게 큰 소리로 읽어 줄 수 있어.

미션 완료!

할아버지 혹은 할머니가 하신 대단한 일은 뭐였어?

점수
- 다른 사람과 접촉하기 +2
- 새로운 것을 만들고 즐기기 +2

점수를 얻기 위해 도전할 횟수

미션 32

옷을 제대로 입기

제임스 본드가 세련된 파티에 반바지를 입고 가는 것을 본 적이 있니? 아니. 그는 검은색 연미복을 입고 언제나 완벽한 모습을 하고 있지. 옷을 제대로 입는 것은 매우 중요해. 비밀 요원은 눈에 덜 띄기 위해서 옷을 제대로 입거든. 미니 축구 경기를 할 때 재킷을 입어서는 안 돼. 그리고 수영복을 입고 결혼식에 가서도 안 되고. 그렇지? 가장 먼저 네가 해야 하는 것은 각각의 옷이 어디에 필요한지 그리고 그 옷들을 어떻게 같이 입어야 하는지 이해하는 거야.

1. **우아한 옷.** 우아한 옷은 결혼식이나, 졸업식, 가족이나 어른들의 잔치

같은 '행사' 때에 입는 거야. 남색 혹은 회색 바지 한 벌이나, 같은 색깔의 정장과 와이셔츠 혹은 흰색이나 푸른색 블라우스, 남자 아이들을 위한 재킷(재킷이 없다면,

모든 옷과 잘 어울리는 파란색 재킷을 구입해.) 혹은 여자 아이들을 위한 우아한 코트, 검은색 양말 그리고 남성용 혹은 여성용 구두가 필요해. 하지만 운동화는 안 돼. 가장 좋은 것은 여기에 넥타이(스파이에게 넥타이 매는 방법을 가르쳐 달라고 요청해.) 혹은 예쁜 귀걸이 한 쌍 아니면 작고 귀여운 보석류를 추가하는 거야.

2. **언제나 잘 어울리는 옷**. 부모님의 친구들과 식사 도중 우아하게 사라지기 위해, 또는 숙모들을 만나러 갈 때 혹은 조카들이 왔을 때 입는 거야. 면바지나 청바지 한 벌, 티셔츠 혹은 와이셔츠,

스웨터, 양말 한 켤레(흰색 면양말은 안 돼! 세계의 모든 비밀 요원에게 이 양말은 금지되어 있어.)와 운동화 한 켤레.

3. **색깔, 줄무늬, 그 외의 이상한 모든 옷**. 진정한 비밀 요원은 화려한 앵무새처럼 보이지 않게 옷들을 잘 골라 입어. 물방울무늬 바지에 붉은색과 노란색 줄무늬 티셔츠를 입을 수는 없잖아! 색깔을 잘 보고 함께 어울리게 조합을 해 봐. 파란색은 파란색과, 붉은색은 붉은색과, 흰색은 흰색과, 검은색은 검은색과. '다양한' 무늬도 마찬가지야. 스웨터가 가

로줄을 가지고 있다면, 세로 줄을 가진 티셔츠를 입을 수 없어. 만일에 조합을 제대로 할 수 없다면, 단색 옷만 사도록 해.

4. 상표에 신경 쓰지 않기. 진정한 비밀 요원들은 옷을 만든 사람의 이름이나 로고 디자인, 상표가 없는 옷들을 구입하려고 해. 눈에 띄는 것이 적을수록 원하는 것을 더 자유롭게 할 수 있어.

5. 날씨에 맞게 입기. 어떤 사람들은 여름에도 멋있다는 이유로 두꺼운 잠바를 입거나, 근육을 보여주기 위해 겨울에도 티셔츠를 입고 다녀. 이것은 매우 멍청한 짓이야. 추울 때는 언제나 몸을 감싸야 하고 더울 때는 옷을 덜 입어야 한다는 것이 얼마나 중요한 것인지 이해해야 해.

미션 완료!

사람들이 너를 찍었다고? 좋지 않은 거야! 너는 사람들이 알아채지 못하게 다녀야만 해. 하지만 어쨌든 너무 멋있어서 이미 찍혀 버렸으니까 그 사진을 여기에 붙여 보자. 빨리!

× ×
× ×
× ×
× ×
× ×
× ×
× ×
× ×
× ×
× ×
× ×
× ×

점수	점수를 얻기 위해 도전할 횟수
• 열악한 상황에서 살아남기 +1 • 사람들 보살피기 +2	

미션 33

응급 처치 배우기

이번 미션이 쓰일 일이 결코 일어나지 않기를 바란다. 하지만 부상을 당하는 일이 비밀 요원에게 일어날 수 있어. 아니면 친구 요원에게도 발생할 수 있고. 그러면 그때 그들을 도울 수 있는 유일한 사람은 너야. 실제 비상사태의 경우에 명심해야 하는 가장 중요한 것은 어른들을 부르거나 응급 처치를 하는 거야. 필요하다면 주의를 집중시키게 소리를 질러. 전화기를 가지고 있다면 긴급 번호 119로 전화를 해. 누가 다쳤고, 어디가 다쳤는지 설명을 해. 다친 사람과 침착하게 계속 함께 있어. 그리고 그와 대화하면서 그를 안심시켜.

각각의 응급상황에 따른 대처 방법을 알려 줄게.

• **사람이 숨을 제대로 쉬지 못할 때**. 손바닥으로 등의 위쪽 중앙 부위를 세게 두드려. 양쪽 어깨뼈 사이. 그리고 걸려 있는 것을 밖으로 뱉어낼 때까지 계속 두드려.

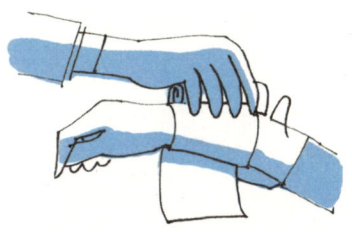

• **사람이 화상을 입었을 때**. 화상 부위를 흐르는 물에 최소한 10분 정도 식힌 다음, 그 부위를 깨끗한 비닐 랩이나 비닐 봉투로 싸.

• **사람이 피를 (많이) 흘리는 경우**. 상처에 거즈 혹은 깨끗한 천 조각을 대고 세게 눌러. 상처가 팔이나 다리에 있으면, 부러졌다는 의심이 드는 경우를 제외하고 출혈을 줄이기 위해 팔이나 다리를 들어 올릴 수 있어.

• **사람의 뼈가 부러졌다고 의심될 때**. 팔다리를 움직이지 않게 잡아. 필요하다면 몸 아래쪽에 손이나 베개를 받혀서 팔다리를 고정시켜.

• **사람이 의식을 잃고 쓰러진 경우**. 쓰러진 사람에게 말을 걸거나 어깨를

톡톡 두드려 깨우려고 노력해. 대답을 하지 않으면 가슴이 움직이는지 확인하거나 코 혹은 입에 가까이 가서 숨을 쉬는지 확인해 봐. 만일 숨을 쉬면, 몸을 옆으로 돌리고 숨을 더 쉽게 쉴 수 있게 환자의 머리를 천천히 뒤로 움직여.

너의 이번 미션은 가짜 부상자 역할을 할 너의 친구 요원과 함께 모든 응급 처치 연습을 해 보는 거야.

✔ 미션 완료!

위의 설명을 보지 않고, 다음 질문에 대답해 보면서 네가 배운 것을 확인해 보렴.

응급 상황 시 몇 번으로 전화를 걸어야 하지?

다음과 같은 상황에서 너는 사람을 돕기 위해 무엇을 해야 하지?

- 숨을 제대로 쉬지 못하는 사람:

- 화상을 입은 사람:

- 베여서 피를 많이 흘리기 시작해:

- 뼈가 부러졌대:

- 의식을 잃고 쓰러진 사람을 발견했어:

점수	점수를 얻기 위해 도전할 횟수
• 기술 지식 +1 • 집에서 살아남기 +1 • 열악한 환경에서 살아남기 +1 • 위험에 대처하는 능력 +2	5

미션 34

닌자가 되어라

비밀 요원의 가장 커다란 재능은 눈에 띄지 않게 다니는 거야. 사람들의 눈에 띄지 않기 위해서는 네 존재를 느끼지 못하게 해야 해. 그런데 너는 걸을 때마다 수많은 소음을 발생시키지. 숨소리, 발걸음 소리, 물건을 끌고 다니는 소리, 부딪치는 소리, 삐걱거리는 바닥 소리.

어쨌든 훈련을 해야 할 때야. 점점 조용해질 수 있게 발끝에 몸무게의 균형을 잘 나눠서 걷는 것을 제일 먼저 배워야 해. 집에서 연습을 해. 가장 중요한 점은 네가 움직이는 곳이 어딘지 잘 아는 거야. 삐걱거리는 문, 특이한 소음을 발생시키는 바닥 타일 등 너를 둘러싸고 있는 모든 것에 주의를 기울여야 하고 소음을 발생시키는 것을 피하도록 해야 해. 준비가 되었다고 느껴지니? 자, 여기 네 임무가 기다려.

- 너와 함께 살고 있는 모든 사람의 방에 알아채지 못하게 들어가서 그들의 침대에 다가가는 것을 해낼 것.

- 컵이 들어 있는 냄비를 집의 한 장소에서 다른 장소로 소리가 나지 않게 옮기는 것을 해낼 것.

- 가족 중 한 사람이 큰 소리로 "도대체 어디 간 거야?"라고 말할 때까지 어느 한 방에 숨어 있다가 네가 어디에 숨어 있었는지 모르게 다시 나타날 것.

이젠 잠자는 강아지가 깨어나지 않게 강아지 집까지 살금살금 기어갈 준비가 됐지?

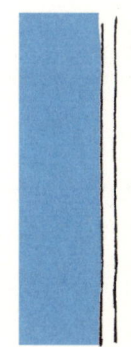

미션 완료!

닌자처럼 눈에 띄지 않고 다닐 수 있게 되기까지 나는 수없이 들켰어. 그러니까 자꾸 들킨다고 속상해 하지 마렴.

네가 들켰을 때 하고 있던 일:

너를 발견한 사람의 이름:

점수	점수를 얻기 위해 도전할 횟수
• 열악한 상황에서 살아남기 +1 • 집에서 살아남 +2 • 사람들 보살피기 +2	

미션 35

마사지 기술

아마도 너는 어른들이 종종 등과 목 그리고 어깨에 통증을 겪고 있다는 것을 알았을 거야. 왜냐하면 너무 오랫동안 앉아서 시간을 보내기 때문이야. 그런데 누군가가 어른들의 몸을 문지른다거나, 살살 두드린다거나, 마시지를 한다거나, 가볍게 밟아 주면(신기하지만 우리는 그 방법을 알고 있어!) 어른들은 매우 좋아해. 마사지를 하거나, 받는 것은 매우 즐거운 일이야. 사람의 마음을 부드럽게 풀어 주는 효과도 있어서 알아 두면 매우 유용한 기술이기도 해.

마사지를 배우는 데 필요한 몇 가지

1. 실험 대상이 되어 줄 사람을 찾아봐. 남동생은 어때? 여동생은? 친구 요원은 어떨까? 그를 앞에 앉게 하거나, 침대에 엎드리라고 해.

2. 등 위에 손바닥을 아래쪽으로 향하게 하고 둥글게 손을 움직이며 약간의 압력을 주기 시작해. 너의 실험 대상이 어떻게 느끼는지 물어봐. 더 세게 눌러야 하는지, 약하게 눌러야 하는지. 점점 위쪽으로 옮겨서 어깨  부위에 이를 때까지 마사지를 천천히 반복해.

3. 이와 비슷한 과정을 아래쪽에서 위쪽으로 진행해. 하지만 압력과 움직임을 다르게 해서, 예를 들면, 엄지손가락 혹은 손가락 마디의 관절을 등의 안쪽으로 깊게 넣어서 빵 반죽하는 것처럼 근육을 마사지해 봐. 손바닥 전체로 이곳저곳을 조심스럽게 살살 눌러 주고, 가라테를 할 때 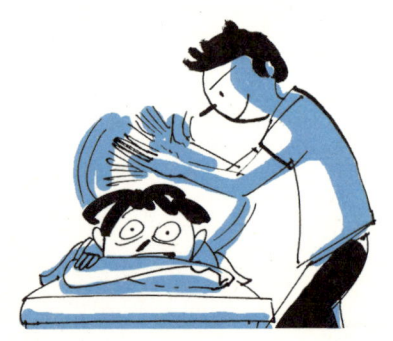 처럼 손을 칼 모양으로 해서 마사지를 해 봐. 너도 스트레스가 풀릴지 몰라. 중요한 것은 네 실험 대상을 꼬집는다거나 너무 세게 두드리지 않도록 조심해야 해. 마사지가 고문이 되서는 안 돼! 마지막에 칭찬을 받았다면 성공한 거야.

4. 마사지를 끝낸 후에는 실험 대상과 서로 역할을 바꿀 수도 있어. 그렇게 하면, 네가 직접 마사지 받는 사람의 입장을 이해할 수 있어서 실력이 크게 늘어날 거야.

미션 완료!

제일 마음에 들었던 마사지 기술을 적어 보거나 그려 보자.

점수
- 사람들과 접촉하기 +2
- 사람들 보살피기 +2

점수를 얻기 위해 도전할 횟수

미션 36

갓난아이 기저귀 갈기

제일 먼저 갓난아이를 준비해야 해. 어떻게 하냐고? 방법이 딱 하나 있어. 이번 임무를 수행하는 동안 함께 해야 하는 부모님께 허락을 구해. 부모님 중의 한 분이 너의 스파이라면 조건이 아주 좋은 거야. 그렇지 않다면, 구실을 만들어야 해. 새로운 것을 배우고 싶다고, 똥을 좋아한다고 등. 네가 원하는 구실을 부모님께 말해.

그다음에 갓난아이 옆에 자리를 잡고 고약한 냄새가 네 코에 느껴질 때까지 기다려. '고약한 냄새'라는 것은 단순한 오줌 냄새를 의미하는 게 아니야. 절대로. 냄새를 맡으면 너무 쉽게 알 수 있어! 이해했지? 하지만 걱정하지 마! 시간이 오래 걸리지는 않을 거야.

기다리는 동안 네 주위를 정리해. 그리고 바닥에 앉아. 그래야 갓난아이가 떨어질 위험이 전혀 없어. 방수 매트를 깔고, 그 위에 수건을 놓아. 너에게 필요한 것은 물티슈, 사용하지 않은 일회용 기저귀, 깨끗한 수건, 크림, 더러운 기저귀를 버릴 비닐 봉투야.

자, 준비가 되었어! 손을 닦고, 갓난아이의 얼굴이 위로 올라오도록 수건 위에 눕히고, 적극적으로 해 봐. 갓난아기가 협조해 주지 않으면, 아기가 가만히 있도록 동요를 부른다던가 다양한 방법으로 아기가 긴장을 풀 수 있게 해 줘. 그럼, 행운이 있기를!

1. 아기의 옷을 벗겨서 가능한 한 제일 먼 곳에 놔. 기저귀의 접착테이프를 분리한 다음에……. 그거 알지? 똥을 슬쩍 보고, 용기를 내 봐.

2. 한 손으로 조심스럽게 갓난아기의 양 발목을 잡고 두 다리를 들어 올려. 똥을 닦기 위해서는 똥이 밖으로 새어나오지 않도록 기저귀의 앞부분을 최대한 활용해. 계속해서 조심스럽게 아기의 다리를 조금 더 들어 올려. 그리고 더러운 기저귀를 둥그렇게 말아가며 빼내. 더러운 기저귀를 비닐 봉투에 넣어. 휴~! 잘했어. 가장 힘든 부분은 지나갔어.

3. 물티슈를 집어 아기 엉덩이를 잘 닦아. 여자 아기일 경우에는 앞부분에서 시작해 뒷부분까지 닦아야 해. 사용한 물티슈를 비닐 봉투에 버리고, 필요한 만큼의 물티슈 여러 장을 사용해 매우 깨끗이 닦아.

4. 마른 수건으로 아주 조심스럽게

아기의 피부를 닦고 크림을 바른 다음 아기가 잠시 동안 이리저리 발길질을 하며 스트레스를 풀도록 놔 둬. 아기들은 이 순간을 매우 좋아해. 너도 즐겨 봐!

5. 갓난아이의 두 다리를 다시 한 번 들어 올리며, 새 기저귀를 펼쳐 엉덩이 밑으로 넣어. 접착테이프로 기저귀를 고정시키고, 아기에게 옷을 다시 입혀.

6. 축하해! 너는 사자와 같은 용기를 보여 줬어. 이젠 손을 닦으러 뛰어가……!

미션 완료!

엄청난 일을 수행했으니 증거로 남기자. 네가 갈아 끼운 기저귀에서 (바라건데) 깨끗한 접착테이프를 떼어내 이곳에 붙여 보자.

점수

- 위험에 대처하는 능력 +2
- 사람들과 접촉하기 +1
- 사람들 보살피기 +1
- 참을성, 인내심, 절대로 포기하지 않기 +1

점수를 얻기 위해 도전할 횟수

미션 37

배달 음식 주문하기

음식 관련 미션인 29번, 30번을 실패했거나, 너무 바쁠 때 혹은 참을성이 없거나 심지어 음식 재료도 없다면, 어른들이 종종 하는 것을 따라해 보는 거야. 즉, 전화로 무엇인가를 주문하는 거지. 그러려면 약간의 돈과 전화가 필요해. 그리고 가정에 배달 서비스를 제공하는 식당의 전화번호가 필요해. 그 식당들의 전화번호가 아마도 냉장고에 붙어 있거나, 우편물의 전단지 사이에 있기도 할 거야. 그리고 인터넷을 통한 서비스도 있어.

피자, 중국 요리, 치킨, 돈가스 혹은 그 외의 모든 음식 등 네가 원하는 음식을 선택해 봐. 그다음에 필요한 돈이 있는지 확인하고. 저녁 식사를 하기 약 30분 전에 주문을 해. 네가 낼 수 있는 최상의 어른 목소리로 네가 먹고 싶고 마시고 싶은 것을 말하고 주소를 불러 줘. 주문한 음식이 도착하면 돈을 지불하고 즐겁게 먹으면 돼.

점수
- 집에서 살아남기 +2
- 열악한 환경에서 살아남기 +1
- 사람들 보살피기 +1
- 사람들과 접촉하기 +1

점수를 얻기 위해 도전할 횟수

1

미션 38

데이트 신청

이번 미션과 다음 미션은 약간 특이해. 왜냐하면 이 두 가지 임무는 네가 사랑에 빠졌다거나, 누군가를 짝사랑한다거나 혹은 최소한 네 마음에 꼭 드는 누군가가 있어야 가능하기 때문이야.

여기 몇 가지 증상을 한번 읽어 봐. 그 사람과 항상 함께 있고 싶다, 그 사람을 만날 때는 갑자기 말이 나오지 않는다, 그 사람에게 언제나 깊은 인상을 남기고 싶다, 다른 사람과 같이 있는 것을 보면 질투심이 일어난다, 그 사람이 나타나면 심장이 더 세게 뛰고 갑자기 어색함을 많이 느낀다. 이러한 증상은 사랑에 빠진 사람이 느끼는 자연스러운 변화야. 어른들의 세계에서는 많이 있는 일이지. 이것은 굉장히 어려운 일이지만 시도해 볼 만한 가치가 있지.

데이트할 때 무엇을 하냐고? 특별한 것은 없어. 만나서 영화를 보거나, 음악회에 가거나, 아이스크림을 먹거나, 동물원에 가거나, 단순히 동네 한 바퀴를 돌거나 등. 어디를 돌아다니는 거야. 그것이 서로 알아가는 과정이고 정말로 서로 좋아하는지 확인하는 과정이야. 서로가 진심으로 즐거워한다는 것을 알게 되면 두 번째 데이트를 하게 될 거야.(그때는 훨씬 쉽고 자연스러울 거야.)

본론으로 들어가 보자. 첫 번째 단계는 네가 초대하고 싶은 사람에 대해 무언가를 알아내는 거야. 그 사람이 스케이트 타는 것을 좋아하면? 그럼, 공원에 갈 수 있어. 그 사람이 공상 과학을 좋아하면? 함께 SF영화를 보러 가자고 해.

단계별로 도달해야 해. 평소에 늘 하는 대화로 시작하는 거지. 그다음에 '주말에는 무엇을 하는지? 오늘 오후에 무엇을 하는지? 여가 시간에 무엇을 하는지?' 질문을 해 봐. 그 사람이 할 일이 특별히 없다고 하면, "영화 보시겠어요?", "나랑 수영장 갈래요?" 등의 질문을 할 기회가 온 거야.

그리고 거절 당했을 때도 대비를 해야 해. 상대방이 "아니요."라고 말할 수도 있거든. 그렇다고 네가 훌륭한 사람이 아니라거나, 그 사람이 너와 데이트할 마음이 없다는 뜻은 아니야. 나는 데이트를 요청했을 때 셀 수 없이 많은 거절을 받아 왔어. 하지만 포기하지 않았지. 중요한 것은 네가 엄청 속상해 한다는 것을 들키지 않는 거야. 어깨를 들썩이며, "아쉽네요. 재미있을 텐데!"라고 말하면 상대방이 자신이 실수한 것 같다는 생각을 하게 될 거야.

 **미션 완료!**

누구에게 데이트하자고 했니?

무엇을 하자고 제안했니?

성공했니?

성공했다면, 데이트는 어땠니?
실패했다면, 왜 거절했을 것 같니?

점수	점수를 얻기 위해 도전할 횟수
• 위험에 대처하는 능력 +2 • 참을성, 인내심, 절대로 포기하지 않기 +1 • 사람들과 접촉하기 +2	

미션 39

키스하기

세상에서 수도 수리공 다음으로 키스를 제일 잘하는 사람이 비밀 요원이라는 말이 있어. 왜 수도 수리공이 가장 키스를 잘하는지는 모르겠지만, 내가 비밀 요원이기 때문에 우리가 왜 잘하는지는 알아. 그것은 열심히 훈련을 하기 때문이야. 기술적인 용어로는 말할 게 많지 않아.

키스는 키스야. 로맨틱한 영화의 장면을 보면, 주인공들이 어느 한 시점에서 입술을 맞대고, 그리고 아마도 이리저리 혀가 움직이기 시작하는 것을 너희들은 봤을 거야. 하지만 처음부터 이렇게까지 할 필요는 없어. 너는 언젠가 영화 속 키스를 할 날이 올 거야. 다만, 지금은 아니야. 우리는 평범한 키스부터 해 볼거야. 입술에 하는 것. 정확히 뽀뽀라고 하지. 그렇다고 0.1초 만에 끝내지 말고, 잠시 동안 멈춰 있을 것. 아참, 중요한 조건이 하나 있어. 키스를 하기 위해서는 **두 사람이 같은 마음**이어야 해.

1. **허락을 구해야 해**. 가장 덜 로맨틱한 선택이지만 가장 안전한 선택이야. 하지만 올바른 순간을 기다려야만 해. 단둘이만 있어야 하고, 기분이 좋아야 하고, 모든 것

이 잘 되어 가야 해. 즉, 키스하기에 딱 맞는 순간이어야 해. 바꾸어 말하면? 이렇게 설명해 볼게. 너희 둘이 치즈와 토마토가 든 피자를 흘리면서 먹고 있는 중이라면, 그때는 적당히 타이밍이 아니야. 아이스크림을 조금 전에 막 먹었다던가, 박장대소를 조금 전에 했다던가, 밝은 달 아래서 걷고 있고, 그 남자 혹은 그 여자가 너에게 아름다운 눈을 가지고 있다고 말한다면 더 좋을 거야. 잘 알겠지?

2. **노력해 봐**. 이 경우에 너는 아주 천천히 행동해야 해. 그래야 상대방의 반응을 살펴볼 시간을 갖게 돼. 처음처럼 적당한 순간을 기다려야 해. 또 다시 상대방이 네게 정말로 아름다운 눈을 가졌다고 조금 전에

말했다면, 네 손으로 상대방의 손을 잡아. 그리고 상대방의 눈이 더 예쁘다고 대답해. 그리고 좀 더 가까이 다가가. 조금 더, 그리고 조금 더.

아마 너가 정신 차리고 보면 이미 키스를 하고 있을 거야.

 미션 완료!

누구에게 키스하려고 시도했니?

성공했니?

성공했다면, 어땠니?

실패했다면, 얼마만큼 다가갔었니?

점수
- 위험에 대처하는 능력 +2
- 참을성, 인내심,
  절대로 포기하지 않기 +1
- 사람들과 접촉하기 +3

점수를 얻기 위해
도전할 횟수

미션 40

아기에게 밥을 먹여라

다시 한 번 아기를 준비해야 해. 너는 전혀 예상하지 못했던 경험을 하게 될 거야. 아마도 기저귀 갈기 미션보다 틀림없이 더 나을 거야. 이번에는 혼자서 어느 정도 밥을 먹기 시작한 아기를 데려와야 해. 음식과 도구는? 이것은 아기의 부모님이 알아서 할 거야. 네가 해야 할 일은 따로 있어. 여기 지시사항을 봐.

1. 제일 먼저 아기와 친해져야 해. 인사도 하고 뽀뽀도 해 주고 같이 놀아 줘.
2. 음식이 준비되면, 아기를 유아용 의자에 앉혀.

3. 아기에게 턱받이를 채워 줘. 그리고 너도 턱받이를 하거나, 앞치마를 둘러. 이제 마음의 준비를 해. 난리법석 시간이 가까이 왔어.

4. 음식을 꺼내. 그리고 너무 뜨겁지 않은지 확인해.

5. 첫 수저는 매우 천천히 아기에게 건네. 그다음에 두 번째, 세 번째 수저를 건네. 네가 너무 불행하지 않는 한, 이 첫 단계는 매끄럽게 진행되어야만 해. 처음에 아기는 배가 고파서 밥을 잘 먹거든.

6. 하지만 아기가 이 모든 일에 싫증을 내기 시작하고 산만해지는 데에는 그리 오래 걸리지 않을 거야. 그리고 계속 밥 먹는 것을 거부하기 시작할 거야. 바로 여기서 너의 모든 창의성을 발휘해야 해. 아기에게 말도 걸어 보고, 이야기를 해 보고, 노래도 해 보고, 수저를 비행기나 악어로 혹은 다른 무엇으로든지 변신 시켜서 놀아도 보고, 다양한 시도를 해 봐. 마지막으로, 최악의 사태를 대비해야 해. 음식 조각이 방에 날아다니기 시작할 거고, 너는 그 음식 조각들을 피해야 할 테니.

7. 아기에게 적당한 양을 주는 데 성공했다면, 깨끗하게 씻고 이러한 일을 매일 하지 않아도 된다는 것에 고마워 하자!

미션 완료!

아기와 전쟁을 치루기 이전과 이후의 네 모습과 아기의 모습을 그려 보렴.

이전   이후

점수

• 위험에 대처하는 능력 +1

• 참을성, 인내심,
  절대로 포기하지 않기 +2

• 사람들과 접촉하기 +2

점수를 얻기 위해
도전할 횟수

아주아주
여러 번

미션 41

냉동과 해동

냉동고는 가장 놀라운 가전제품 중 하나야. 며칠이면 부패할 음식을 몇 주일, 몇 개월, 혹은 수년 동안 신선하게 유지해 주지. 이번 미션은 무엇인가를 냉동시키고 해동시키고 마지막에는 그것을 먹는 거야. 날 것이든, 익힌 것이든 모든 것을 냉동시킬 수 있어.

물론 몇 가지 예외도 있지. 냉동고에 넣으면 터질 수 있는 것 말이야. 어떤 일이 벌어질지 보고 싶다고 **터질 수 있는 물건**을 냉동시키는 실험은 **하지 말 것!** 그러니까 달걀, 맥주 혹은 탄산음료 캔, 포도주 병 혹은 일반적인 액체를 넣은 병들은 냉동시켜서는 안 돼. 대신 '미션 30'에서 만들었던 소스 1인분을 냉동시켜 봐.

1단계

1. 우선, 물건을 냉각 시킨다.
2. 너무 크지 않은 플라스틱 용기에 넣고, 잘 닫는다.
3. 플라스틱 용기에 '비밀 소스'라고 적은 스티커와 날짜를 붙인다.
4. 플라스틱 용기를 냉동고에 넣고 3개월 동안 보관한다.

2단계

다음 중 한 가지 방법으로 해동시켜.
1. 냉장고로 소스를 옮겨서 24시간 동안 놔둔다.
2. 찬물에 용기를 담그고, 30분마다 물을 갈아 준다. 한두 시간 후에 해동이 된다.

3. 소스를 전자레인지용 용기에 붓고, '해동' 버튼을 눌러 해동시킨다.
(소스가 **냉장고 밖**이나 **뜨거운 물속**에서 해동되게 놔두면 **안 돼!** 왜냐하면 작고 해로운 박테리아로 가득 채워질 수도 있기 때문이야.)
다음에는? 소스를 프라이팬에 데우고 파스타 위에 부어서 먹는다!

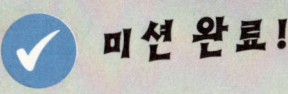 **미션 완료!**

용기 위에 붙였던 스티커를 이곳에 붙여 보자.

점수	점수를 얻기 위해 도전할 횟수
• 기술 지식 +2 • 집에서 살아남기 +2	1

미션 42

등산하기

여러 시간을 걸어서 산꼭대기에 도달해 느끼는 만족감은 말로 다 설명할 수 없어. 그 위에서 즐기는 전망에 대해 말하려고 하는 것은 아니야. 그 성취감이 너의 모든 피곤함을 다 보상해 줄 거야.

우선, 올라갈 산이 필요해. 에베레스트 산을 말하는 것이 아니야. 네가 올라갈 수 있는 산이어야만 해. 스파이의 도움을 받아 서너 시간 정도면 산꼭대기에 도달할 수 있는, 상대적으로 쉬운 등산로를 찾아 봐. 더 좋은 방법은 네 나이 또래의 아이들로 조직된 단체와 함께하는 거야. 그렇지 않다면, 너 혼자서 등산을 계획하고 네 스파이나 부모님 혹은 너와 함께할 수 있는 누군가와 등산을 해 봐. 산에는 **절대 혼자**

가서는 안 돼. 명심해!

　나머지는 상당히 단순해. 지도, 음식 그리고 물을 충분히 가져가고 등산에 적합한 옷과 신발을 신고 등산로를 따라가. 가끔씩 쉬어야 해. 하지만 일단 출발한 다음에는 포기해서는 안 돼. 더 이상 해낼 수 없을 것 같은 순간들이 찾아올 거야. 하지만 넌 해낼 수 있어. 산꼭대기에 도착하면, 양팔을 벌리고 심호흡을 하면서 커다란 기쁨을 표현해 봐. 온 세상의 왕 혹은 왕비처럼 느껴질 거야.

 미션 완료!

올라갔던 산의 이름:

걸은 시간:

걷는 동안 일어났던 일:

점수
- 위험에 대처하는 능력 +2
- 참을성, 인내심, 절대로 포기하지 않기 +2
- 사람들 보살피기 +2

점수를 얻기 위해 도전할 횟수

미션 43

직접 토성을 볼 것

최초로 토성의 고리를 자신의 눈으로 본 사람은 갈릴레오 갈릴레이였어. 400년도 훨씬 이전인 1610년이었어. 이제는 네 차례야. 너에게 필요한 유일한 것은 망원경이야. 친구 중에 천문학을 너무나 좋아하는 괴짜 삼촌을 가진 누군가가 있다면? 당장 그 친구를 불러!

1. 밤하늘을 읽는 법을 배워. 인터넷에 많은 지도가 있어. 구글 같은 검색 사이트에 '천체 지도' 혹은 '별자리 지도'라고 입력하는 것으로도 충분해. 이 지도들에서 백조자리 혹은 용자리처럼 매우 정확한 형태를 가진 여러 별자리를 발견할 수 있을 거야. 스마트폰에서도 관련 앱을 설

치할 수 있을 거야. 어쨌든, 너는 하늘을 살펴봐야 하고 네 손에 든 지도와 비교를 해야 해.

2. 토성을 찾아봐. 맨눈으로는 별처럼 보이는데, 가장 반짝이는 별 중 하나야. 하지만 행성들은 밤마다 위치를 바꿔. 그래서 행성들이 위치한 곳을 알아야만 해. 좋은 소식은 토성은 상당히 천천히 움직인다는 거야. 어느 날 밤에 토성을 발견한다면, 그다음 날 밤에도 거의 같은 자리에 있을 거야. 자, 지금 인터넷에 '토성의 위치는?'이라고 입력해 볼래? 이제 임무 시작이야.

3. 밤이 되면 망원경을 준비해. 안정된 장소에 망원경을 설치하고 높이를 조절해. 렌즈를 바라봐. 전부 검게 보이면 망원경 덮개를 제거했는지 확인해 봐! 별들이 희미하게 보이면 초점을 잘 잡아. 위아래로 천천히 망원경 조절하는 것을 배워. 네가 보는 별들은 수천 킬로미터 거리에 있는 거야. 달이 떠 있다면, 달의 분화구도 볼 수 있을 거야. 환상적이지, 그렇지 않니? 갈릴레오 갈릴레이도 그렇게 생각했어.

4. 망원경을 토성 방향으로 움직여 봐. 토성을 곧바로 발견하지 못하더라도 용기를 잃지 마. 매우 반짝이는 점이 보일 때까지 망원경을 여러 방향으로 천천히 이동시켜 봐. 약간의 시간이 걸릴 수 있으니, 인내심을 가져. 일단 토성을 발견하면 초점을 맞춰. 주위에 작은 고리들로 이루어진 원반형을 보게 될 거야. 토성에 온 것을 환영해!

미션 완료!

처음 관측한 날짜:

처음 관측한 시간:

망원경을 설치한 장소:

네가 본 것을 그려 보렴:

점수
- 새로운 것을 만들고 즐기기 +1
- 참을성, 인내심,
  절대로 포기하지 않기 +1
- 기술 지식 +2

점수를 얻기 위해
도전할 횟수

미션 44

다섯 나라의 낯선 음식 먹어 보기

캄보디아에서는 튀긴 거미를 먹어. 호주 사람들은 손가락만큼 커다란 꿀벌레큰나방 애벌레인 '위취티 그럽'을 너무나 즐겨 먹지. 아이슬란드에서는 여러 달 동안 땅 속에 묻어 둔 삭힌 상어 고기를 맛볼 수 있어. 그리고 많은 나라 사람들은 촉수가 여전히 움직이는 살아 있는 문어와 오징어도 먹어.

너에게 너무 많은 것을 요구하지는 않을 거야. 하지만 비밀 요원으로서 너는 감정을 드러내지 않고 오히려 요리사를 칭찬하면서 무엇이든지 먹을 준비가 되어 있어야 해. 모험 정신과 호기심을 가지고 새로운 도전을 하기 위해 적은 양부터 시작하자. 거미가 그런대로 맛이 괜찮다는 것을 발견하게 될지 누가 알아!

 네가 느끼는 감정에 집중해. 그리고 네가 이미 알고 있는 음식과 맛을 비교해 봐. 네가 먹고 있는 음식이 너무 매워서 네 목구멍이 분출하는 화산 같다면, 빵이나 밥이 물보다 더 좋은 처방일 거야.

 하지만 가장 중요한 것은 실제로는 구역질을 참고 있다 할지라도 전부 맛있는 척해야 하는 거야. 나중에 더는 참을 수 없어서 구토를 하고 싶거나 음식물을 뱉어 내려 한다면? 그렇다면, 신중한 방법으로 해야 해.

 너는 이번 미션을 레바논 식당에서 저녁 식사를 할 때, 테이크아웃 멕시코 음식을 주문할 때, 아빠가 만든 태국 카레를 맛볼 때, 러시아어 수업을 같이 듣는 친구를 만나러 갈 때, 여행할 때 등 각기 다른 시간에 완수할 수 있어. 새로운 음식 다섯 가지를 어디서 그리고 어떻게 먹느냐는 중요하지 않아. 각각의 음식이 서로 간에 완전히 다르면 돼. 아 참! 네가 이미 먹어 본 외국 음식들과 네가 좋아하는 외국 음식들(햄버거 종류!)은 제외야.

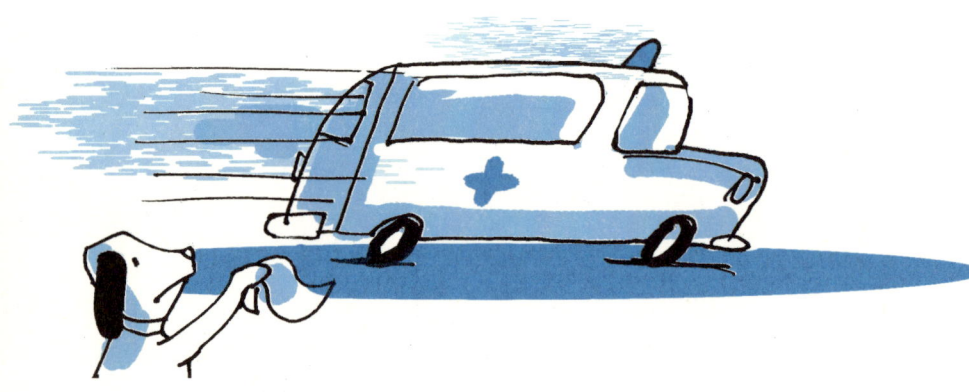

미션 완료!

너의 영웅적인 행동을 기록해 보자.

	국가	음식	얼마나 맛있어 보였는지	실제 얼마나 맛있었는지	얼마나 먹었는지
1.			1 2 3 4 5	1 2 3 4 5	%
2.			1 2 3 4 5	1 2 3 4 5	%
3.			1 2 3 4 5	1 2 3 4 5	%
4.			1 2 3 4 5	1 2 3 4 5	%
5.			1 2 3 4 5	1 2 3 4 5	%

점수
- 열악한 환경에서 살아남기 +2
- 위험에 대응하는 능력 +2
- 참을성, 인내심,
  절대로 포기하지 않기 +1

**점수를 얻기 위해
도전할 횟수**

미션 45

신문 읽기

아무리 읽기 힘들다 해도 신문은 어른들에 대해 많은 것을 알려 주는 매우 중요한 정보지야. 무모하기도 하고 견딜 수 없을 정도로 귀찮은 이번 미션은 뉴스라는 이상한 세계와 친숙해지도록 너를 도와줄 거야.

우선, 신문을 준비해. 스포츠 잡지나 지하철에서 무료로 나눠 주는 신문이 아니라 진짜 신문 말이야. 집에 신문이 없으면, 신문 파는 곳에 가서 하나를 구입해. 신문들은 경향신문, 동아일보, 중앙일보, 조선일보, 한겨레신문 등 서로 다른 이름을 가지고 있어.

그다음은 단순해. 즉, 표지에 있는 첫 제목부터 마지막 문장의 마지막

단어까지 광고를 포함해 전부 읽는 거야. 너의 스파이에게 질문하고, 장소들 혹은 이상한 단어들을 위키피디아나 혹은 여러 인터넷 사이트에서 찾아보며 네가 읽는 내용을 이해하려고 노력해 봐. 스포츠, 과학, 문화 관련 지면들은 조금 읽을 만할 거야. 하지만 정치, 경제 지면은 훨씬 복잡할 거야. 이해하지 못하는 것이 있다고 할지라도 어쨌든 계속 읽어 봐. 어른들조차도 신문에 실려 있는 내용을 이해 못하는 일이 가끔 있어.

 미션 완료!

신문을 읽는 데 걸린 시간:

신문을 읽는 동안 졸은 횟수:

가장 재미있었던 부분:

가장 재미없었던 부분:

읽은 것 중에서 가장 이해하기 힘들었던 것:

점수
- 열악한 환경에서 살아남기 +1
- 참을성, 인내심, 절대로 포기하지 않기 +2
- 다른 사람들과 접촉하기 +1

점수를 얻기 위해 도전할 횟수

몇 번이나 졸았는지에 따라 양심껏 도전하기

미션 46

족보 그리기

족보는 가족 구성원 사이의 혈통 관계를 보여 주는 도표야. 엄청나게 커다란 족보를 그려 본다면, 너와 너의 가장 친한 친구 그리고 메시, 비욘세처럼 유명한 사람, 레오나르도 다 빈치 혹은 클레오파트라처럼 역사적인 인물 등 온 세상과의 혈통 관계를 알 수 있을 거야. 하지만 이번 미션에서는 너의 3대조 할아버지까지 올라가 보는 것으로 충분해.

1. 조금 커다란 종이를 찾아서 가로 방향으로 놔. 너 자신을 나타내기 위해 종이 밑 부분의 중심에 표시를 해. 네가 여자라면 동그라미를 그리고

남자라면 사각형을 그리면 돼. 그리고 그 밑에 '나'라고 써.

2. 네 이름의 양쪽에 네 형제 혹은 자매들이 있으면 적어 넣어. 계속해서 여자는 동그라미로, 남자는 사각형으로 표시해. 한번 시도해 볼까? 위쪽을 향해 세로로 줄을 그어. 그다음에 이빨이 아래쪽으로 향해  있는 빗처럼 더 긴 가로 줄로 사람들을 연결시켜. 그들의 표시 아래에 네 형제들의 이름과 자매들의 이름을 써.

3. 빗 모양의 가운데에서 위쪽으로 또 다른 선을 그어. 그리고 그 선이 멈추는 부분에 'T'자 형태가 되도록 다른 가로 선을 그어. 'T'자의 양쪽에 네 부모님을 적어 넣어. 동일한 수평면에 엄마의 형제들과 자매들을 적어 넣고, 그들을 위쪽으로 향하는 선으로 네 외할머니, 외할아버지와 연결해. 아빠의 경우도 동일하게 해. 네 부모님이 여럿이거나, 네 부모님 중 한 분이 재혼하셨고, 다른 자녀들이 있다면, 그들도 적어 넣어. 창의적으로 하면 돼.

4. 네 부모님 혹은 조부모님께 가족에 대해 물어 봐. 그리고 그들의 모든 형제와 자매를 적어 넣도록 해.

5. 시간 속으로 얼마만큼 되돌아 갈 수 있는지 시도해 봐. 아마도 어느 순간 더 이상 공간이 없거나, 그래프가 매우 혼란스럽고 무질서할 거야. 그렇게 되면 다른 종이에 다시 잘 그려 봐.

6. 족보를 그리는 동안, 네 가족의 여러 사람에 대해 더 잘 알아봐. 어디서 왔고, 무엇을 했는지 그들에 대한 재미있는 이야기들을 적어 놔.

 미션 완료!

이곳에 네 족보의 일부분을 다시 그려 보렴.

점수
- 새로운 것을 만들고 즐기기 **+2**
- 다른 사람들과 접촉하기 **+2**

점수를 얻기 위해 도전할 횟수

미션 47

춤을 배워라

비밀 요원들은 춤을 출 줄 알아야 해. 두말하면 잔소리지. 비밀 요원들은 다 춤을 아주 잘 추거든. 이리저리 날뛰는 것이 아니라 스텝을 알고, 자기 파트너를 매혹시키지. 너는 친구 요원이나 혹은 너와 함께 춤추는 것을 시도하고자 하는 친구가 필요해. 최소한 세 가지 스타일 춤의 기본적인 스텝을 배워야 해. 댄스 스타가 될 필요는 없어. 하지만 적어도 부기라든가, 살사 정도는 알아야 어떤 춤이든 춰야 할 때 잘 대처할 수 있을 거야.

배우려면 어떻게 해야 하냐고? 운이 좋다면, 너의 스파이가 스텝을 알 것이고, 누군가가 너에게 스텝을 알려 줄 수 있을 거야. 그렇지 않다면, 유튜브에서 교습하는 것을 찾아봐. 예를 들면, '탱고 배우기'를 찾아봐. 먼저, 조용히 스텝을 배우고, 그다음에 적합한 음악을 찾아서 리듬을 맞춰 봐. 처음에는 잘 못하더라도 걱정하지 마. 20분 혹은 30분 동안 연습하면 틀림없이 더 나아질 거야.

　네가 선택할 수 있는 스타일로는 이런 것들이 있어. 바로크, 왈츠, 폭스트롯, 포크, 찰스턴, 스윙, 록앤롤, 디스코, 힙합, 칼립소, 메렝게, 플라멩코, 탱고…….

 미션 완료!

어떤 스타일을 배웠니?

점수

- 열악한 환경에서 살아남기 +2
- 참을성, 인내심,
  절대로 포기하지 않기 +1
- 사람들과 접촉하기 +1
- 새로운 것을 만들고 즐기기 +2
- 위험에 대응하는 능력 +1

점수를 얻기 위해 도전할 횟수

(춤 하나당 20번씩)

박물관에 혼자 가라

박물관이 무엇인지 잘 알겠지. 이미 부모님, 학교 친구들과 수없이 갔으니까. 하지만 이제 너 혼자서 그곳에 가야 해. 네가 선호하는 박물관을 선택해서 그곳에 도착해.(원한다면, 스파이에게 데려다 달라고 해.) 그리고 티켓을 구입하고 안으로 들어가. 혼자. 정신을 집중해야 해. 흥미로운 것, 매우 아름다운 것, 매우 못생긴 것들이 있어. 그것들이 왜 거기에 있을까? 누가 그것들을 거기에 놔뒀을까? 그리고 언제?

왜 네가 있는 장소가 중요한지 이해하려고 해 봐. 박물관 내에서 가장 중요한 것은 무엇일까? 가장 값어치 있는 것을 찾아보고, 그것을 훔치기 위한 가장 좋은 방법을 상상해 봐. 가장 커다란 것, 가장 작은 것,

가장 최근 것, 가장 오래된 것을 찾아봐. 이제 뭐라도 마시려면 박물관 카페에서 잠시 멈춰. 아주 잘했어! 이제 다른 박물관에도 가고 싶다는 생각이 좀 들었니?

 미션 완료!

어느 박물관을 혼자서 방문했니?

가장 마음에 들었던 것은 무엇이었지? 그 이유는?

집에 무엇을 가지고 갈거니?

왜 박물관에 놓여 있는지 정말로 이해하지 못한 것은?

점수	점수를 얻기 위해 도전할 횟수
• 새로운 것을 만들고 즐기기 +1 • 참을성, 인내심, 절대로 포기하지 않기 +1 • 사람들 보살피기 +1	

미션 49

아이돌 스타를 만나라

남자 배우, 여자 배우, 가수, 음악가, 작가, 예술가, 영화감독 등 네가 너무나 좋아하는 유명한 사람을 생각해 봐. 만나고 싶지 않니? 그들과 직접 '셀카'를 찍고 싶지 않니?

너만의 아이돌 목록을 만들어 봐. 그리고 그중 한 명을 만나기 위해서 어떻게 해야 하는지, 그들이 사는 곳이 어디인지, 그들이 네가 사는 곳 근처로는 올 일이 없는지, 그들은 무엇을 하는지 생각해 봐. 여기 몇 가지 아이디어가 있어.

• **작가들**: 관련 사이트에서 그들이 네가 사는 곳 근처에서 발표회를 하

는지 혹은 어떤 행사에 참여하는지 알아봐. 책 한 권을 가져가는 것을 잊지 마. 그래야 사인을 요청할 수 있잖아.

• **음악가들**: 콘서트에 가. 그리고 무대 뒤에서 그들을 기다려. 이러한 전략은 많은 시간과 인내심을 필요로 해. 하지만 대단한 만족감을 느낄 수 있어!

• **영화 혹은 TV 배우들**: 특별히 아주 유명하다면, 이 사람들을 만나기가 가장 어려워. 하지만 그들도 때때로 공개 행사에 참여하거나 네가 관람할 수 있는 연극에 참여하기도 해. 또 다른 가능성은 그들의 이메일 주소나 집 주소를 찾아내서, 사인을 요청하는 편지를 보내는 거야.

어떤 전략을 선택하든지 항상 친절하고 공손해야 해. 유명한 사람들은 그들의 팬들로부터 많은 관심을 받고, 사인을 한다거나 사진을 찍는 것에 대해 종종 피곤한 티를 내.

가장 유명한 아이돌과 접촉하지 못했다면, 약간 덜 유명한 아이돌과 접촉을 시도해 봐. 예를 들어, 네가 매우 좋아하는 연극이나 뮤지컬을 보러 가게 되면, 배우들이 대기실로 가는 것을 기다렸다가 공연을 즐겁게 봤다고 말하고 사인을 요청하는 거야.

미션 완료!

만나는 데 성공한 사람은?

사인을 받거나 사진을 찍는 데 성공했다면, 그 사본을 여기에 붙여 보자.

점수

- 열악한 환경에서 살아남기 +1
- 끈참을성, 인내심, 절대로 포기하지 않기 +2
- 사람들과 접촉하기 +2
- 새로운 것을 만들고 즐기기 +1

점수를 얻기 위해 도전할 횟수

미션 50

밤새우기

왜 이런 미션을 해야 하냐고? 당연히 네가 해낼 수 있다는 것을 보여 주기 위해서. 이번 미션은 여름방학에 시도해 보는 게 좋을 거야. 그때가 낮이 가장 길고, 밤이 가장 짧으니까. 그리고 학기 중에 시도했다가는 다음 날 학교 책상에서 잠들게 될 테니까.

네 친구 요원이나 남동생 혹은 여동생과 함께 하면 더 좋을 거야. 왜냐하면 혼자 깨어 있는 것은 대단히 어렵기 때문이지. 어쨌든 밤 시간에 할 수 있는 몇 가지 놀이를 준비해야 해. 혼자라면 아주 재미있는 책들을 읽는다거나 스타워즈 여러 편을 본다거나 혹은 비디오게임을 할 수 있을 거야. 하지만 누군가와 함께한다면 훨씬 더 재미있지. 왜냐하면 함께 카드놀이도 할 수 있고 무서운 이야기, 우스운 이야기도 할 수 있고 정말로 피곤해질 무렵에는 서로 두드려 주며 잠을 깨울 수도 있기 때문이야.

검색 사이트에 '일출 시간'을 입력해서 해가 몇 시에 뜨는지 알아봐. 해가 수평선에 머리를 내밀 때, 너는 네 임무를 완수한 거야. 이젠 잠을 자야죠, 비밀 요원! 우리에겐 정신이 말짱하고 휴식을 취한 당신이 필요하거든!

 미션 완료!

새벽이 왔을 때, 네가 처음 한 말이 무엇인지 이곳에 써 보자.

점수
- 사람들 보살피기 +1
- 참을성, 인내심, 절대로 포기하지 않기 +2
- 새로운 것을 만들고 즐기기 +1

점수를 얻기 위해 도전할 횟수

51. 마지막 미션!

반드시 50가지 미션을 수행한 다음에야 너는 맨 처음으로 돌아가 미션을 새롭게 만들 수 있어.

어른들의 세계에 비밀 요원으로 파견되면 너는 어떤 미션을 시작하고 싶니? 네 생각에 모든 비밀 요원이 해야만 하는 다른 도전들이 있니?

좋아. 그렇다면 이곳에 그 미션을 적어 봐. 그리고 네가 그 미션을 해 보고, 그 다음에 네 친구 요원에게 해 보라고 알려 줘. 그 대가로 네 친구 요원도 너에게 51번 미션을 제안할 거야.

이 임무를 완전히 수행했을 때 드디어 진정한 비밀 요원이 되었다고 말할 수 있어.

미션 51

....
....

설명:

미션 완료!

미션에 대한 증거와 세부 사항 적기.

점수	점수를 얻기 위해 도전할 횟수
• .... • .... •	

모든 시대를 통틀어 가장 위대한 스파이들

너는 어떤 스파이를 닮았지?

네가 이 페이지를 읽고 있다면, 비밀 미션 50가지 훈련은 이미 끝난 거야. 왜냐고? 며칠 전 저녁부터 흰색 올빼미 한 마리가 호그와트로 가는 티켓을 가지고 네 창문을 두드리고 있기 때문에? 너무나 많이 발각이 되었기 때문에? 미션 28번에서 집의 벽에 구멍을 내서 네 부모님이 이 책을 버리려고 하기 때문에? 흥미로워 보였던 모든 미션을 마쳤기 때문에?

어찌 되었든 간에 네가 어떤 타입의 비밀 요원이 되었는지 알아봐야 할 시간이 되었어. 하지만 명성과 영광은 비밀 요원들과는 거리가 있다는 것을 알아야 해. 비밀 요원들 중에서 가장 훌륭한 자들은 전혀 알려지지 않았고, 세상 사람들은 대부분 그들의 이름조차 알지 못해. 하지만 그들은 네가 했던 일들부터 출발해서 중요한 일들, 상당히 중요한 일들을 해냈어.

네가 각각의 능력에 대해 골고루 점수를 받았다면, 너는 스위스 나이프라고 불리는 비밀요원 '슈베글러'과 같은 타입이야. 그는 어떠한 종류의 미션이든지 참여할 준비가 되어 있었고, 모든 것을 조금씩 다 할 줄 알았어. 잘했어!

네가 '기술 지식'과 '집에서 살아남기'에서 매우 높은 점수를 받았다면, 너는 중국 정보국의 신비스러운 해커인 '비밀 요원 X9'와 같은 타입이야. 그는 자신의 집에서 전혀 외출하지 않고도 세상을 돌아다니며 다른 모든 비밀 요원보다 더 많은 비밀을 찾아내.

네가 '집에서 살아남기', '열악한 환경에서 살아남기', '참을성, 인내심, 절대로 포기하지 않기', '위험에 대처하는 능력'과 같은 네 개 분야에서 제법 많은 점수를 받았다면, 너는 '파괴할 수 없는 자'라고 불리는 비밀 요원 '크렁크'와 같은 타입이야. 그는 상처 자국 투성이고, 뼈가 부러졌으며, 상어에게 물린 자국을 가지고 있어. 하지만 96세인 지금도 여전히 비밀 미션을 수행 중이라고 해.

네가 '새로운 것을 만들고 즐기기'에서 점수를 얻었다면, 너는 '사기꾼'이라고 불리는 비밀 요원 '오르테가'와 같은 타입이야. 그는 너무나 재미있는 이야기를 해서 금고 주인이 미친 사람처럼 웃고 있을 때, 그림 뒤에 숨겨 놓은 금고를 열곤 해. 아마 주인은 조금 후에 울고 있겠지!

네가 '사람들 보살피기'와 '사람들과 접촉하기'에서 제법 많은 점수를 받았다면, 너는 '사랑해'라고 불리는 비밀 요원 '포르테 피아'와 같은 타입이야. 확실하지는 않지만, 그의 외교 수완과 비밀 정보국 사무실에서 개최했던 잊지 못할 파티 때문에 일곱 번의 전쟁과 두 번의 공격을 피할 수 있었다고 해.

네가 모든 점수를 기록한 표를 잃어버리거나 개가 그 종이를 삼켜 버렸다면, 너는 아마도 모든 시대를 통틀어 가장 훌륭한 비밀 요원 중의 한 사람임에도 불구하고, 너무 많은 위험을 감수하고 싶지 않아서 늘 그럴싸한 변명거리를 가지고 있던 '게으름뱅이'라고 불리는 비밀 요원 '페드리토'와 같은 타입이야.

네가 모든 부분에 높은 점수를 다 받았다면, 축하해! 너는 50개의 모든 임무를 완수한 거야. 너는 모든 임무를 수행했을 뿐만 아니라 동료들의 임무까지도 수행했고 가끔은 상대방 임무까지 수행해서 상사를 오히려 화나게 했던 비밀 요원 '조트'와 같은 타입이야. 세상은 네 것이야!

앞서 말한 부류의 어느 것에도 네가 포함되지 않는다면, 믿을 수 없어! 너는 첩보 행위의 모든 역사에 있어 가장 독특한 비밀 요원인 '와코브스키'와 같은 타입이야. 그가 어떤 임무를 수행했는지, 그리고 어떻게 수행했는지 아는 사람은 지금까지 아무도 없어. 어쨌든, 그럼에도 불구하고 그는 전설이 되었어.

친애하는 비밀 요원에게

너를 만나게 되어 너무 기뻐. 이제는 어른들의 세상에서 너를 만나게 되다니 몇 배 더 기뻐. 우리는 세상 어디에나 있어. 너도 어쩌면 조금 떨어진 곳에서, 모든 사람이 즐기고 있는 파티에서 혹은 모든 사람이 지켜워하는 저녁 무도회장의 한가운데서, 아니면 공원에서 책을 읽을 때, 그리고 지하철에서 음악을 들을 때 우리와 함께 있겠지. 우리는 영화관에서 악당이 "아임 유어 파더, 루크."라고 말할 때 웃고 있는 사람들일 수도 있고, 혹은 만화영화가 끝났을 때 울고 있는 사람들일 수도 있어. 우리는 누구나 될 거야. 네가 우리를 알아볼 것이라는 사실을 알고 있어. 신분증을 통해서? 아마도 그럴 거야. 지금 막 세탁기에 넣어 버린 바지 주머니에 그 신분증이 들어 있지는 않겠지?

얼굴에 스며 있는 미소를 통해 우리가 서로를 알아본다면 기쁠 거야. 왜냐하면 우리가 어느 곳에 있든지, 무엇을 하든지, 우리는 여전히 미션을 수행 중이고 서로를 응원하고 있을 테니까!

옮긴이

이기철
베네치아국립대학교에서 이탈리아 문학박사 학위를 받고, 서울대학교 인문대학에서 이탈리아어와 이탈리아 문화를 강의하고 있다. 저서로 『입에서 톡 이탈리아어』, 『이탈리아어 문장 분석의 이해와 연습』 등이 있으며, 오페라 대본 번역 및 해설서로 『잔니 스키키』, 『라보엠』 등이 있다. 옮긴 책으로는 『미래는 아름다운 날이야』, 『안녕, 난 프란치스코야』 등이 있다. 이탈리아어 교육과 연구, 한국과 이탈리아 양국의 교류에 기여한 공로로 나폴리타노 이탈리아 대통령으로부터 기사 훈장을 받았다.

어른 세계에서 살아남기 위한
50가지 비밀 미션

1판 1쇄 발행 2018년 5월 10일
1판 2쇄 발행 2019년 11월 15일

글쓴이 피에르도메니코 바칼라리오, 페데리코 타디아
그린이 에두아르도 하우레기
옮긴이 이기철
펴낸이 손기주

세무 세무법인 세강

펴낸곳 썬더버드
등록 2014년 9월 26일 제 2014-000010호
주소 경기도 의왕시 정우길47. 2층
ISBN 979-11-963620-0-3 73690
전화 031 348 2807 **팩스** 02 6442 2807

값은 뒤표지에 있습니다. 잘못된 책은 구입하신 곳에서 바꾸어 드립니다.
썬더키즈는 썬더버드의 아동서 출판브랜드입니다.

썬더버드는 필자의 투고를 언제나 환영합니다.
이메일 tbbook3@gmail.com **홈페이지** www.tbbook.co.kr

신분증 예시

나 (내 암호명)는

(친구 요원의 암호명)을

비밀 요원으로 임명한다

나를 도울 수 있는
모든 임무에 있어
나는 당신을 신뢰한다.

서명
(비밀 요원으로서의 싸인)

나(......................),

(..................)를

비밀 요원으로 임명한다

나를 도울 수 있는
모든 임무에 있어
나는 당신을 신뢰한다.

서명
....

*친구 요원들은 다음과 같은 경우에 참여하지 않아도 된다. 1. 질병 혹은 사고, 2. 부모님에 의한 감금, 3. 휴가, 4. 급히 화장실에 갈때.

나(......................),

(..................)를

비밀 요원으로 임명한다

나를 도울 수 있는
모든 임무에 있어
나는 당신을 신뢰한다.

서명
....

*친구 요원들은 다음과 같은 경우에 참여하지 않아도 된다. 1. 질병 혹은 사고, 2. 부모님에 의한 감금, 3. 휴가, 4. 급히 화장실에 갈때.

나(......................),

(..................)를

비밀 요원으로 임명한다

나를 도울 수 있는
모든 임무에 있어
나는 당신을 신뢰한다.

서명
....

*친구 요원들은 다음과 같은 경우에 참여하지 않아도 된다. 1. 질병 혹은 사고, 2. 부모님에 의한 감금, 3. 휴가, 4. 급히 화장실에 갈때.